Grundkurs Philosophie

Philosophie des Geistes
und der Sprache

GRUNDKURS PHILOSOPHIE

Band 3

Philosophie des Geistes und der Sprache

Von Wolfgang Detel

Philipp Reclam jun. Stuttgart

RECLAMS UNIVERSAL-BIBLIOTHEK Nr. 18470
Alle Rechte vorbehalten
© 2007 Philipp Reclam jun. GmbH & Co., Stuttgart
Gesamtherstellung: Reclam, Ditzingen. Printed in Germany 2007
RECLAM, UNIVERSAL-BIBLIOTHEK und
RECLAMS UNIVERSAL-BIBLIOTHEK sind eingetragene Marken
der Philipp Reclam jun. GmbH & Co., Stuttgart
ISBN 978-3-15-018470-7

www.reclam.de

Inhalt

Einleitung

Dieses Buch ist der dritte Band einer fünfteiligen Einführung in die Grundlagen der theoretischen Philosophie, die um zwei Bände zur Ethik und zur politischen Philosophie ergänzt werden soll. Theoretische Philosophie befasst sich vornehmlich mit Aktivitäten und Ideen, die mit der Art und Weise zusammenhängen, wie wir die Welt auffassen und auf sie reagieren – mit dem Fühlen, dem Denken, dem Argumentieren und dem Erklären, aber auch mit unseren Ideen von der Natur, vom Geist und vom sozialen Bereich.

Eines der zentralen Ziele der ersten fünf Bände der kleinen Reihe besteht darin, einen Überblick über alle wichtigen Teildisziplinen der modernen theoretischen Philosophie zu liefern. Die Bände stellen ein ausführliches Kompendium der modernen theoretischen Philosophie dar, das die wichtigsten Begriffe und Positionen aller wichtigen Teildisziplinen der modernen theoretischen Philosophie präsentiert, und zwar in einer möglichst knappen, genauen und verständlichen Form. Der damit verbundene inhaltliche und formale Anspruch unterscheidet die folgende Darstellung sowohl von allgemeinen Einführungen in die Philosophie als auch von speziellen Einführungen in einzelne philosophische Teildisziplinen.

Der riskante Versuch, einen derartig umfassend angelegten Überblick zu liefern, ist in didaktischer Hinsicht dadurch motiviert, dass es in der modernen theoretischen Philosophie sehr viele Details zu lernen gibt, dass es aber zugleich wichtig bleibt, nicht den Blick auf das Ganze zu verlieren. In theoretischer Hinsicht ist die Anlage der Bände dadurch motiviert, dass sich die Teildisziplinen der theoretischen Philosophie in den letzten Jahrzehnten immer stärker miteinander vernetzt haben. Dabei sind vor allem die großen Fragen der Philosophie wieder aufgenommen und zum Teil auf eine neue und höchst interessante Weise beantwortet worden.

Die Präsentation des umfangreichen Stoffes erfolgt rein systematisch. Philosophische Vorkenntnisse werden nicht vorausgesetzt. Die Begriffsbildungen und Positionen werden Schritt für Schritt eingeführt und bauen aufeinander auf. Daher werden sie nummeriert. Dabei bezeichnet die erste Zahl die Bandnummer und die zweite Zahl die entsprechende Explikation (= begriffliche Erläuterung). Die Nummerierung läuft durch alle Bände durch, beginnt also nicht in jedem Band von vorn. »1.35« verweist beispielsweise auf Explikation 35, die in Band 1 steht, »3.150« auf Explikation 150, die in Band 3 vorkommt, und »5.300« auf Explikation 300 und damit auf die letzte Explikation in Band 5.

Fast alle Explikationen werden kommentiert und durch Beispiele erläutert. Wenn zu einem eingeführten philosophischen Begriff ein weiterer Fachausdruck existiert, der dasselbe bedeutet, wird er in den meisten Fällen in runden Klammern hinter einem Gleichheitszeichen angegeben.

Der Text enthält zahlreiche interne Verweise auf Explikationen, die bereits eingeführt wurden, zuweilen aber auch auf Explikationen, die erst später eingeführt werden. Dadurch soll das begriffliche Netz, das in diesen Bänden entfaltet wird, transparenter und die Erinnerung an schon eingeführte Kontexte geschärft werden. Ein Verzeichnis der wichtigsten Begriffe dient demselben Zweck. Zu den einzelnen Kapiteln und den meisten der aufgeführten philosophischen Explikationen werden am Ende eines jeden Bandes Übungsaufgaben gestellt, die den Lernprozess unterstützen und zugleich auf die konkrete Anwendbarkeit der eingeführten Explikationen verweisen.

Von ihrer Anlage her gesehen stellt diese Einführung daher einen Grundkurs dar, der auch einem Selbststudium und als Hintergrundinformation für philosophische Proseminare dienen kann. Die einzelnen Kapitel und Bände bauen begrifflich und sachlich aufeinander auf, sollten also in der angebotenen Reihenfolge studiert werden. Alle Kapitel und Bände zusammengenommen entwickeln die Grundzüge einer einzigen umfassenden Theorie. Mit Hilfe eines guten Philosophie-Lexikons können die einzelnen Bände allerdings auch unabhängig voneinander gelesen werden.

Der erste Band der Einführung in die theoretische Philosophie behandelt argumentationstheoretische und logische Grundlagen, auf die in allen weiteren Kapiteln zurückgegriffen werden muss. Der zweite Band beschäftigt sich mit philosophischen Theorien zu den grundlegenden allgemeinen Bausteinen der Welt, d. h. mit Metaphysik im allgemeinsten Sinn – insbesondere mit Theorien des Seins (Ontologie oder Metaphysik im spezielleren Sinn), mit der Naturphilosophie und mit der Theorie natürlicher und lebender Systeme. Der dritte Band hat den Geist mit seinen unterschiedlichen Ebenen zum Gegenstand, also den Ebenen des Fühlens, des Denkens, der Sprache und des Bewusstseins. Dieses Thema wird im vierten Band weitergeführt mit der Behandlung weiterer Formen des Geistigen, nämlich von Wahrnehmung, Wissen und Wissenschaft. Der fünfte und letzte Band schließlich behandelt den Bereich der Handlungen, des Sozialen und ihrer wissenschaftlichen Analysen. Vom zweiten bis einschließlich dem fünften Band wird also in Umrissen die Entwicklung vom Natürlichen über das Geistige zum Sozialen aus philosophischer Perspektive nachgezeichnet.

Einschlägige philosophische Texte und Autoren können in dieser Einführung aus Platzgründen nicht diskutiert werden. Am Ende der Übungen eines jeden Kapitels der Bände werden jedoch einige moderne Texte (Artikel oder Buchabschnitte) angegeben, in denen zu den entsprechenden Themen Bahnbrechendes geleistet wurde. Die Texte wurden so ausgewählt, dass ihre Lektüre mit einigen der wichtigsten Autoren bekannt macht, die die heutige Philosophie geprägt haben.

Ein Werk, das auf schmalem Raum einen Überblick in dieser Spannweite versucht, muss letzten Endes eine Kompromisslösung bleiben. Nichts kann hinreichend ausgeführt werden, vieles muss ausgelassen oder vereinfacht werden. Ein besonders schmerzliches Defizit ist der – aus Platzgründen erforderliche – Verzicht auf eine ausführliche Darstellung der Argumente für und gegen die eingeführten Positionen. Ich bin jedoch im Laufe meiner Unterrichtstätigkeit zu der Überzeugung gekommen, dass die Vorzüge eines solchen Überblicks seine Nachteile übertrumpfen. Einer dieser Vorzüge besteht darin, dass die Leser anhand dieses Überblicks recht schnell entscheiden können, ob sie philosophische Probleme interessant finden und welche dieser Probleme ihnen besonders attraktiv zu sein scheinen.

Diese Einführung in die theoretische Philosophie soll ihrem eigenen Anspruch nach nicht empirisch immunisierte begriffliche Vorschläge präsentieren. Einige der Positionen und Begriffsbestimmungen, die auf den folgenden Seiten skizziert werden, sind in der heutigen Philosophie umstritten und repräsentieren nicht die Auffassungen des Verfassers des Grundkurses. Vielmehr werden durchweg Standardbegriffe und Standardpositionen präsentiert, die weit verbreitet sind und die man daher kennen sollte, wenn man die laufenden Debatten zur gegenwärtigen theoretischen Philosophie angemessen verstehen möchte. Außerdem handelt es sich im Folgenden um Vorschläge, die mit dem Anspruch auf Weltwissen verbunden sind. Die Philosophie des Geistes glaubt beispielsweise, das reale mentale Phänomen der Repräsentation weitaus angemessener und raffinierter analysieren zu können als Psychologie und Neurobiologie. Die Kehrseite des philosophischen Anspruchs auf Weltwissen besteht freilich darin, dass sich auch philosophische Theorien an der Wirklichkeit bewähren und sich gegebenenfalls von anderen empirischen Wissenschaften belehren lassen müssen. In diesem

Sinne versteht sich dieser Grundkurs auch als ein Angebot an nicht-philosophische Wissenschaften, sich bei Bedarf über Grundzüge der modernen Philosophie rasch zu orientieren.

Die Anlage dieser ersten fünf Bände verdankt sich langjährigen didaktischen Experimenten und Erfahrungen mit einem Grundkurs zur theoretischen Philosophie der Gegenwart, den ich wiederholt am Philosophischen Institut der Goethe-Universität Frankfurt a. M. durchgeführt habe. Außerordentlich hilfreich waren dabei die (anonymen) Evaluierungen der verschiedenen Varianten des Grundkurses. Die Tutoren und Tutorinnen, die die Tutorien zum Grundkurs engagiert betreut haben, konnten mir aufgrund ihrer intimen Kenntnis des Stoffes und der Diskussionen in den Tutorien viele wichtige Hinweise zur besseren Verständlichkeit des Textes und der Übungsaufgaben liefern. Für dieses Engagement möchte ich mich bei allen Beteiligten herzlich bedanken.

7. Allgemeine Philosophie des Geistes

Die Idee des Geistes

Wir Menschen sind nicht nur biologische Maschinen, die ihren Stoffwechsel organisieren oder sich fortpflanzen, sondern wir haben auch ein geistiges Leben – wir nehmen z. B. Gegenstände in der externen Welt wahr, wir fühlen gelegentlich Schmerzen, und zuweilen denken wir auch über etwas nach. In der Geschichte der neuzeitlichen Philosophie ist der Geist vielfach als eine Substanz aufgefasst worden, deren zentrale Aktivität das Denken ist. In der zeitgenössischen Philosophie des Geistes wird der Geist dagegen eher als eine Menge von Zuständen (meist des Gehirns) mit *geistigen (= mentalen) Eigenschaften* angesehen (= *mentale Zustände* 3.104), die ihre Träger nicht nur befähigen zu denken, sondern z. B. auch zu fühlen. Ausgangspunkt der philosophischen Betrachtung des Geistes ist daher meist eine offene Liste von mentalen Zuständen, an denen sich typische mentale Eigenschaften studieren lassen – unter anderem Empfindungen, Stimmungen, Gefühle, Träume, Erinnerungen, Wünsche, Absichten, Interessen, Gedanken, Meinungen, Überzeugungen und Erwartungen. Der *Geist* eines Organismus lässt sich dann zunächst als die Gesamtheit seiner mentalen Zustände bestimmen.

Es gilt heute als empirisch gesichert, dass mentale Zustände mit einem funktionierenden Gehirn gekoppelt sind – ohne Gehirn kein Geist. Ein funktionierendes Gehirn hat viele verschiedene natürliche Funktionen (2.97), zum Teil in Gestalt von Algorithmen (1.33) und kausalen Beziehungen. Wenn z. B. ein Frosch nach einer Fliege schnappt, dann geschieht dies aufgrund einer Kette von kausalen Effekten, die von einlaufenden visuellen Reizen und ihrer algorithmischen Verarbeitung im Gehirn bis hin zu physiologischen Zuständen reichen, die schließlich eine motorische Reaktion des Schnappens nach kleinen schwarzen Partikeln (meist Fliegen) auslösen. Die natürliche Funktion dieser Zustände und Aktivitäten des Froschgehirns ist es, Fliegen und andere Insekten einzufangen und auf diese Weise Nahrung aufzunehmen.

Natürliche Funktionen sind eine bestimmte Art von Eigenschaften physischer Gegenstände – man spricht daher auch von *funktionalen Eigenschaften*. Auch Artefakte (= technisch hergestellte Produkte) haben funktionale Eigenschaften und damit natürliche Funktionen, die ihnen freilich von Ingenieuren implementiert wurden. Denn auch Funktionen von Artefakten sind durch kausale Rollen im Mechanismus des Artefakts bestimmt (2.97). Thermostaten haben beispielsweise die natürliche Funktion, die Zimmertemperatur zu regeln. Diese funktionale Eigenschaft beruht auf anderen physikalischen Eigenschaften des Thermostaten, die ihrerseits *nicht* funktional sind, z. B. auf physikalischen Eigenschaften des Materials, aus dem er gebaut wurde, oder auf physikalischen Wechselwirkungen zwischen seinen verschiedenen Teilen.

Man sagt oft auch, dass funktionale Eigenschaften eines Gegenstandes in bestimmten physikalischen nicht-funktionalen Eigenschaften *realisiert* sind. *Aber diese Realisierung muss nicht eindeutig sein.* Thermostaten sind aus unterschiedlichem Material gebaut, in dem daher auch unterschiedliche physikalische Wechselwirkungen vorkommen. Trotzdem realisieren Material und Wechselwirkungen in jedem Fall dieselbe funktionale Eigenschaft, nämlich die Regelung der Zimmertemperatur. Auch die Software oder das Programm eines Computers lässt sich als eine Menge von Funktionen ansehen, die bestimmen, welche Zustandsänderungen der Computer bei bestimmten Inputs durchläuft. Aber das Programm oder die Software kann durch verschiedene Arten von Hardware, z. B. mit Kupfer- oder aber mit Golddrähten, ausgeführt und realisiert werden. In derselben Weise müssen auch natürliche Funktionen (2.97) von

Lebewesen durch physikalische oder biologische Eigenschaften der Lebewesen realisiert werden, doch auch diese
Realisierung muss nicht eindeutig sein. Wir müssen die natürlichen Funktionen nur allgemein genug beschreiben, um
uns diese Tatsache klarmachen zu können. Die natürliche
Funktion, Nahrung aufzunehmen, und sogar die natürliche
Funktion, nach Nahrung zu schnappen, wird bei verschiedenen Tieren durch höchst unterschiedliche physikalische
und biologische Mechanismen realisiert. Dasselbe gilt beispielsweise von der natürlichen Funktion von Furcht- oder
Panikzuständen, nämlich auf Gefahr überlebensdienlich zu
reagieren, etwa durch Kampf, Flucht oder Starre.

3.103 *Prinzip der vielfachen (multiplen) physikali-*
schen Realisierbarkeit natürlicher Funktionen

(a) Natürliche Funktionen (2.97) werden in einem
    System S (2.93) durch physikalische Zustände
    von S *realisiert*, wenn die physikalischen Zustän-
    de diejenigen kausalen Rollen in S spielen, durch
    die die natürlichen Funktionen definiert sind.

(b) Fast alle natürlichen Funktionen sind durch phy-
    sikalische oder biologische Eigenschaften auf ver-
    schiedene Weisen ausführbar und realisierbar.

(c) Es gibt keine umkehrbar eindeutige Abbildung
    (keine 1–1-Abbildung, oder keine umkehrbar
    eindeutige mathematische Funktion, 2.96 (2))
    zwischen natürlichen Funktionen und ihren phy-
    sikalischen Realisierern (d. h. jenen physikali-
    schen Entitäten (2.43), von denen die natürlichen
    Funktionen instanziiert werden): Zu jeder natür-
    lichen Funktion gibt es verschiedene physikali-
    sche Realisierer, und die meisten physikalischen
    Zustände können verschiedene natürliche Funk-
    tionen realisieren.

Eine Bemerkung zur Terminologie: Man spricht in der modernen theoretischen Philosophie häufig von *physikalischen*, *biologischen* oder *psychologischen* Eigenschaften und Zuständen (vgl. 3.103 (a), (c)). Dieser Sprachgebrauch ist eigentlich nicht korrekt, weil die drei Adjektive auf Theorien und Sätze, nicht auf Sachen angewendet werden. Wir werden im Folgenden »mental« statt »psychologisch« verwenden, die Ausdrücke »physikalisch« und »biologisch« jedoch wegen ihrer Verbreitung beibehalten. Physikalische und biologische Eigenschaften sind also Eigenschaften und Zustände, die von der Physik bzw. Biologie beschrieben werden.

Gehirne von Tieren und Menschen führen ihre Funktionen oft aufgrund von externen Reizen aus. Es muss daher Gehirn- und Körperzustände geben, die für externe Reize *empfänglich* sind und sie *rezipieren*. Ein wichtiges Resultat der Rezeption von Reizen ist die *Wahrnehmung*, die ihrerseits bereits ein Effekt komplexer Hirnprozesse ist. Wahrnehmungen sind gewöhnlich auf Gegenstände *gerichtet*: Wir nehmen *etwas* wahr, oder wir nehmen wahr, *dass etwas der Fall ist*. Man sagt auch, dass Wahrnehmungen dasjenige, auf das sie gerichtet sind und für das sie gleichsam stehen, *repräsentieren*, und dass sie insofern *repräsentational* oder *Repräsentationen* sind. In ähnlicher Weise sind z. B. Wünsche und Überzeugungen Repräsentationen, denn sie repräsentieren, *was* wir uns wünschen oder *wovon* wir überzeugt sind (4.184 (3)). Auch viele Gefühle sind Repräsentationen (3.172): Schmerzen repräsentieren z. B. Gewebeschäden, Furchtzustände repräsentieren Gefahr, und Ekel repräsentiert schädliche Stoffe. Eine der Besonderheiten von Gefühlen ist, dass sie *evaluativ* und damit *normativ* sind (sie bewerten also etwas als vorteilhaft oder nachteilig), insofern das, was von Gefühlen repräsentiert wird, für die fühlenden Wesen gut oder schädlich sein kann (Körpergefühle (3.169) und Emotionen (3.170)).

Für die Philosophie des Geistes sind vor allem jene Repräsentationen interessant, die jeweils vergleichsweise *mehr oder weniger gut* sein können. Im schlechtesten Fall sind die Repräsentationen *falsch*. Man möchte sagen können, dass zum Beispiel Sinnestäuschungen (4.184 (3)) letztendlich etwas repräsentieren. Wenn Frösche nach kleinen schwarzen Partikeln schnappen, die keine Fliegen sind, dann repräsentieren ihre Wahrnehmungen fälschlicherweise Fliegen. Unsere Furcht kann unter bestimmten Bedingungen Gefahr repräsentieren, obgleich keine Gefahr im Verzuge ist. Und wir können meinen, dass Davidson ein lausiger Philosoph ist – dann repräsentiert unsere Meinung den Sachverhalt, dass Davidson ein lausiger Philosoph, auch wenn Davidson tatsächlich kein lausiger, sondern ein kreativer und brillanter Philosoph ist.

    Viele unserer mentalen Zustände (3.104) sind uns Menschen nicht bewusst. Einige Lebewesen haben vielleicht überhaupt kein Bewusstsein. Es kann z. B. Eifersucht geben, die uns nicht bewusst ist. Manche unserer Meinungen, auf die wir uns gerade nicht konzentrieren, oder die zu den logischen Implikationen unserer Meinungen gehören, sind uns nicht bewusst. Es mag auch Interessen geben, die wir haben, ohne dass sie uns bewusst wären. Aber viele Wahrnehmungen, Empfindungen (wie ein Juckreiz oder Schmerz), Triebzustände (= Körpergefühle wie Hunger oder ein sexuelles Bedürfnis, 3.169), Emotionen (wie Furcht oder Freude, 3.170) und Meinungen sind uns zweifellos bewusst. Das Substantiv »Bewusstsein« lässt allerdings leicht an einen eigenständigen Gegenstand denken. Die modernen Bewusstseinstheorien verstehen *Bewusstsein* dagegen als *Eigenschaft* einiger Gehirn- oder Körperzustände, bewusst zu sein – d. h. als einen temporären Zustand, den Organismen bestimmter Komplexität vorübergehend aufbauen und auch wieder abbauen, ähnlich wie Fieber-Zustände. Man sollte daher besser von »Bewusstheit« sprechen (3.104 (4)). Wenn im Folgenden weiterhin der verbreitete und schönere Begriff »Bewusstsein« verwendet wird, dann geschieht dies stets im Sinne von Bewusstheit.

Das Bewusstsein ist ein weiteres zentrales mentales Phänomen und macht zu einem erheblichen Teil unsere Subjektivität und Innerlichkeit aus: Nur ich kann *meine* Schmerzen haben, nur Arnold kann *seine* Eifersucht haben. Nur derjenige, der ein Bewusstsein von mentalen Zuständen hat, kann wissen oder fühlen, *wie es ist*, in diesen Zuständen zu sein (um eine gebräuchliche Formel zu verwenden). Bewusstsein bringt oft eine besondere evaluative (= wertende) und damit normative Komponente mit sich. Man könnte sagen, dass uns in einigen bewussten Zuständen, vor allem in Gefühlszuständen, unsere Evaluationen zugänglich werden und dass wir diese Evaluationen erleben können: Gefühle werden zum Beispiel als angenehm oder unangenehm erlebt (3.171).

3.104 *Charakteristische Merkmale mentaler (geistiger) Zustände*

(1) Mentale Zustände von Organismen haben *natürliche Funktionen* (2.97), die im Wesentlichen darin bestehen, dass externe Reize (= Stimuli) kausal zu inneren Gehirn- und Körperzuständen führen, die ihrerseits auf kausale Weise Reaktionen auslösen, die für den Organismus nützlich sind.

(2) Einige mentale Zustände von Organismen sind *bewusst*, also für ihre Träger subjektiv, d. h. die Organismen fühlen oder wissen, wie es ist, in diesen Zuständen zu sein.

(3) Einige mentale Zustände sind *Repräsentationen,* d. h. sind auf etwas gerichtet (stehen für etwas, sind repräsentational).

(4) Funktionalität, Repräsentationalität und Bewusstheit sind nach (1)–(3) *charakteristische Merkmale mentaler Zustände.*

(5) Die charakteristischen Merkmale mentaler Zustände sind jeweils auf ihre Weise *normativ*: Natürliche Funktionen können mehr oder weniger erfolgreich ausgeübt werden, Repräsentationen (3.128) können mehr oder weniger angemessen sein, und Bewusstsein macht Evaluationen erlebbar.

(6) Der *Geist* ist im Wesentlichen die Menge mentaler Zustände und ist daher im Wesentlichen durch die charakteristischen Merkmale mentaler Zustände gekennzeichnet.

Eine der wichtigsten Fragen der modernen Philosophie des Geistes lautet, ob mentale Zustände nichts anderes sind als Gehirnzustände, die wir allein mit den Mitteln der Physik, Chemie und Biologie beschreiben könnten. Im Alltag haben wir gewöhnlich eine *dualistische Intuition*: Mentale Zustände sind nicht nur physikalische Zustände. Das Prinzip der multiplen physikalischen Realisierbarkeit natürlicher Funktionen (3.103) scheint diese Intuition zu stützen, da der Geist tatsächlich unter anderem ein funktionaler Mechanismus ist. Zugleich glauben wir allerdings, dass einige unserer mentalen Zustände eine kausale Wirkung auf die *physische* Welt haben, dass also *mentale Verursachung* (3.126) möglich ist. Unser Hungergefühl scheint beispielsweise zusammen mit unserer Meinung, dass der Kühlschrank voller leckerer Speisen ist, unseren Gang in die Küche kausal zu bewirken. Wie dies allerdings möglich sein soll, wenn das Geistige nicht etwas Physisches ist, lässt sich nur schwer ausmachen – wir haben es hier mit einem schwierigen wissenschaftlichen und philosophischen Rätsel zu tun.

Geist und Natur

Das Rätsel der mentalen Verursachung (3.126) ist ein Spezialfall des allgemeineren Problems, in welchem Verhältnis der Geist zur Natur steht. Eine Lösung dieses Problems hat weitreichende Konsequenzen für unser Selbstverständnis. Wir müssen uns zunächst den Umriss der wichtigsten klassischen und modernen Positionen zu dieser Frage und einige ihrer Probleme vor Augen führen. Dabei wird sich zeigen, wie außergewöhnlich die Tatsache ist, dass wir geistige (also fühlende und denkende) Wesen sind.

In der klassischen Philosophie des Geistes wurde zum Teil ein ontologischer Dualismus zwischen Natur und Geist (zwischen Leib und Seele) vertreten:

3.105 *Ontologischer Dualismus von Natur und Geist (= Substanz-Dualismus) und klassisches Leib-Seele-Problem*

(1) Kernaussage des *ontologischen Dualismus*:
   (a) Natur und Geist sind verschiedene Substanzen: Mentale Zustände sind nicht-physikalische Zustände.
   (b) Mentale Zustände können kausal auf physikalische Zustände einwirken.
   (c) Der Bereich physikalischer Zustände ist kausal geschlossen, d. h. dieser Bereich ist allein in der Sprache der Physik beschreibbar.
(2) *Klassisches Leib-Seele-Problem (Körper-Geist-Problem = Gehirn-Geist-Problem)*:
   Die drei Thesen (a), (b) und (c) aus (1) sind nicht miteinander konsistent, d. h. sie enthalten einen logischen Widerspruch (1.30 (a)).

In der Chemie bezeichnet »Substanz« immer stofflich Materielles. In der Ontologie versteht man unter Substanzen Entitäten (2.43), deren Existenz nicht von der Existenz anderer Entitäten abhängig ist. Substanzen *existieren* dieser ontologischen Vorstellung zufolge *autonom*.

Gelten z. B. (a) und (c) aus 3.105, dann können mentale Zustände nicht kausal auf physikalische Zustände einwirken – im logischen Widerspruch (1.30 (a)) zu (b). Denn nach (a) sind mentale Zustände nicht-physikalisch, aber nach (c) können nur physikalische Zustände auf andere physikalische Zustände wirken, d. h. mentale Zustände als nicht-physikalische Zustände können nicht auf physikalische Zustände wirken, im logischen Widerspruch zu (b). Eine attraktive Strategie, das klassische Leib-Seele-Problem zu lösen, scheint auf den ersten Blick die Zurückweisung der These zu sein, dass Natur und Geist verschiedene Substanzen sind ((1) (a) in 3.105). In diese Richtung tendiert jedenfalls die neuere Philosophie des Geistes. Aber es zeigt sich schnell, dass das alte Problem in neuer Gestalt wieder auftritt:

3.106 *Anti-ontologischer Dualismus von Natur und Geist (= Eigenschafts-Dualismus) und das neue Leib-Seele-Problem*

(1) Kernaussage des *anti-ontologischen Dualismus*:

   (a)* Mentale Zustände sind unter anderem physikalische Zustände, d. h. sie können unter anderem auch in der Sprache der Physik beschrieben werden.

   (b)* Mentale Zustände haben trotz (a)* gewisse Merkmale M, die für mentale Zustände kennzeichnend sind und auf physikalische Zustände nicht zutreffen (andernfalls wären mentale von physikalischen Zuständen nicht mehr unterscheidbar).

> (c)* Mentale Zustände sind, insofern sie M sind, nicht physikalisch.
>
> (2) *Neues Leib-Seele-Problem (Körper-Geist-Problem):* Die drei Thesen (a)*, (b)* und (c)* aus (1) sind zusammengenommen nicht konsistent, d. h. sie enthalten einen logischen Widerspruch (1.30 (a)).

Wenn z. B. (b)* und (c)* gelten, dann sind mentale Zustände nicht physikalisch – im logischen Widerspruch zu (a)*.

Was ist zu tun? Diese Frage lässt sich weder schnell noch einfach beantworten. Sehen wir uns zunächst einige klassische Vorschläge dazu an. Trotz ihrer zum Teil erheblichen Unterschiede stimmen diese Vorschläge darin überein, dass das Mentale fest mit dem Physischen korreliert (= verbunden) ist und nicht unabhängig von einem physischen Substrat existieren kann:

3.107 *Korrelationsthese*

Für jeden Typ (= Art) M eines bei einem Organismus O vorkommenden mentalen Ereignisses gibt es einen Gehirnzustand der Art G von O (das neurale Korrelat zu M) derart, dass M bei O zu t vorkommt genau dann, wenn G bei O zu t vorkommt.

Die Korrelationsthese gilt heute als robust empirisch bestätigt. Beispielsweise sind Furchtzustände immer mit Aktivitätsmustern feuernder (sich elektrisch entladender) Neuronen in der Amygdala (vgl. S. 151) korreliert. Es ist also nach 3.107 mit unserem robust bestätigten Wissen unvereinbar anzunehmen, dass es Personen oder andere Wesen mit einem Bewusstsein und repräsentativen Fähigkeiten gibt, die ohne ein funktionierendes physisches Gehirn leben können. Die Korrelationsthese ist offensichtlich unvereinbar mit einflussreichen religiösen Annahmen, z. B. mit den Annahmen, dass man persönlich nach dem Tod weiterlebt oder dass es einen persönlichen Gott gibt, der als reiner Geist Gebete erhören oder gar über Menschen nach ihrem Tode richten kann.

Klassische Theorien des Geistes

Zwei philosophische Entwicklungen, die linguistische und später die realistische Wende in der Philosophie, stützten eine *monistische* (= methodisch und ontologisch einheitliche) *Philosophie des Geistes*, die davon ausgeht, dass alle Merkmale des Geistes in der Sprache der Physik und Biologie beschrieben und erklärt werden können.

Die *linguistische Wende* in der Philosophie des Geistes geht von zwei zentralen Annahmen aus: Erstens, Phänomene in der Welt sind nie direkt »gegeben«, sondern grundsätzlich nur in sprachlicher Beschreibung zugänglich. Ein Streit über Phänomene ist daher, zweitens, durch Sprachanalyse zu entscheiden, also durch die Untersuchung der Art und Weise, wie wir über die Phänomene reden. Es wird damit zugleich unterstellt, dass die Bedeutung von Begriffen durch die Verifikationsbedingungen der Sätze, in denen sie vorkommen, festgelegt wird. Diese Verifikationsbedingungen müssen auf beobachtbare Sachverhalte zurückgehen. Da »innere« mentale Ereignisse nicht beobachtbar sind, müssen mentalistische Beschreibungen sich auf Beobachtungen (1.20 (1)) von Verhaltensdispositionen stützen. Die Frage z. B., was Eifersucht ist, wird geklärt durch Analysen der Bedeutungen von »eifersüchtig«. Diese Bedeutungen werden festgelegt durch die beobachtbaren Bedingungen, unter denen Sätze, in denen dieses Wort vorkommt, wahr sind (Sätze wie: »Franz war schrecklich eifersüchtig auf Fritz, weil Fritz mit Franzens Freundin

Petra flirtete und Petra Franz den ganzen Abend lang nicht beachtete – was Franz schließlich wütend machte, so dass er das Fest vorzeitig verließ und Petra tagelang nicht mehr anrief«). Dieser Position zufolge ist der Geist *nicht ein funktions- und wirkungsloses Gespenst in der Maschine des Körpers*, sondern er besteht in einem dispositionell charakterisierbaren Verhalten. Das Leib-Seele-Problem erweist sich als Scheinproblem, das auf falschem Wortgebrauch beruht und durch logische Sprachanalyse aufgelöst wird.

Die spätere *realistische Wende* in der Philosophie des Geistes geht davon aus, dass logische Analyse der Sprache und empirische Wissenschaft nicht strikt voneinander getrennt werden können. Die Philosophie des Geistes sieht sich daher wesentlich auf die Ergebnisse naturwissenschaftlicher Theorien des Gehirns verwiesen. Sie hat selbst die übliche wissenschaftliche Methodologie zu verwenden und wird zur Philosophie der empirischen Psychologie, deren Resultate sie begrifflich und logisch kommentiert (Projekt der Naturalisierung der Erkenntnistheorie). Auch die philosophische Epistemologie (die Theorie des Wissens) soll zu einer naturwissenschaftlichen Theorie der Informationsgewinnung und Informationsverarbeitung werden (zum Informationsbegriff: 3.127–3.128). Ontologische Fragen unter anderem auch nach dem Geistigen müssen ebenfalls naturwissenschaftlich entschieden werden: Es existieren diejenigen Entitäten, zu denen die jeweils besten Theorien Existenzannahmen machen. Hierbei handelt es sich letztlich um das Projekt einer Naturalisierung von Erkenntnistheorie und Ontologie (vor 2.42).

Sowohl die Auffassung, mentale Zustände seien nichts anderes als Verhaltensdispositionen, als auch die Auffassung, das Mentale könne nur naturwissenschaftlich untersucht werden, laden offenbar dazu ein, die These zu vertreten, das Mentale sei nichts anderes als ein spezifischer Bereich des Physischen. Diese These ist Kern einer *monistischen* Position in der Philosophie des Geistes.

Eine der einflussreichsten modernen monistischen Vorschläge zur Bestimmung des Verhältnisses von Natur und Geist knüpft an den *Behaviorismus* an, der vor rund 100 Jahren die Psychologie in eine ernst zu nehmende empirische Wissenschaft (4.208 (2)) verwandeln wollte. Die Behavioristen schlugen vor, alle mentalen Zustände (3.104) durch beobachtbare Reize und Reizreaktionen zu definieren und die mentalen Zustände auf diese Weise einer empirischen wissenschaftlichen Untersuchung zugänglich zu machen:

3.108   *Behavioristische Theorie des Geistes*

(1) Der *Behaviorismus* behauptet:
   (i)   Mentale (= geistige, psychische) Phänomene werden konstituiert durch beobachtbare Verhaltensmuster und Dispositionen.
   (ii) Die Beschreibungen mentaler Phänomene müssen öffentlich sein, d. h. aus der objektiven Perspektive der dritten Person erfolgen.
   (iii) Verhalten (behavior) besteht lediglich aus physiologischen Reaktionen auf externe Reize.
   (iv) Dabei ist eine *Disposition* die Eigenschaft eines Gegenstandes, unter bestimmten Bedingungen eine weitere Eigenschaft anzunehmen oder ein Verhalten zu manifestieren.

(2) *Varianten des Behaviorismus:*
   (a) *Linguistischer Behaviorismus:* Jede psychologische Aussage (im engeren Sinne jede nicht-leere Aussage, die mentale Phänomene beschreibt), lässt sich ohne Inhaltsverlust in eine Aussage übersetzen, die ausschließlich Verhaltens- und Körperphänomene betrifft (Übersetzungsthese).

(b) *Metaphysischer Behaviorismus:* Es gibt keine mentalen Zustände oder Ereignisse, die über tatsächliches Verhalten oder Verhaltensdispositionen hinausgehen *(ontologische These).*

(c) *Methodologischer Behaviorismus:* Die einzig zulässigen Daten für die wissenschaftliche Psychologie sind Verhaltensdaten; psychologische Theorien dürfen sich mit ihrem Vokabular, mit ihren Erklärungen und Prognosen nicht auf interne Zustände von Organismen berufen *(methodische These).*

Die Eigenschaft, in Wasser löslich zu sein, ist beispielsweise die Disposition von Zucker, sich unter der Bedingung des Eintauchens in Wasser aufzulösen. Dem Behaviorismus zufolge ist etwa auch Eifersucht nichts anderes als z. B. die Disposition, unter den wohlbekannten Bedingungen wütend zu werden, herumzutoben und den Kontakt mit dem Partner für eine Weile (im Extremfall für immer) abzubrechen. Eifersucht ist kein innerer geistiger Zustand. Vielmehr sind Beschreibungen, die sich auf typische Auslöser und typische Reaktionen beschränken, durchaus hinreichend, um Eifersucht zu diagnostizieren. Diese Diagnose läuft darauf hinaus, die beobachtbaren Wahrheitsbedingungen für das Vorkommen von Eifersucht *und damit* die Bedeutung des Begriffs »Eifersucht« zu bestimmen.

Wenn der Geist nicht ein Gespenst im Gefäß eines Körpers, sondern ein kausales Reaktionsmuster physikalischer Ereignistypen ist, dann liegt es nahe, mentale Ereignisse schlicht mit physikalischen Ereignissen zu identifizieren. Allerdings tritt diese Identitätstheorie in zwei unterschiedlichen Versionen auf. Die eine Version bezieht sich auf *Typen* (also Arten) von Gegenständen, Zuständen oder Ereignissen, die andere auf *Tokens* (also Einzelfälle) von Gegenständen, Zuständen oder Ereignissen. Ein Token ist ein konkretes, materielles, raum-zeitlich lokalisiertes, einzelnes und in seiner Beschaffenheit einmaliges Vorkommnis eines Gegenstandes, Zustandes oder Ereignisses. Ein Typus ist eine schematisierende Struktur, die durch ihre Tokens (gegebenenfalls auf unterschiedliche Weise) instanziiert wird. Das Wort »Otto« als Zeichenfolge besteht aus 4 Tokens und 2 Types. Jeder individuelle Mensch ist ein Mensch-Token der Type Menschheit.

Das Begriffspaar »token/type« hat demnach Ähnlichkeiten mit den Begriffspaaren »konkreter Einzelgegenstand/ Universalie (= universelle Eigenschaft)« und »Element/ Klasse«. In den meisten Fällen sind Typen auch universelle Eigenschaften. Allerdings können Einzelgegenstände und Klassenelemente im Unterschied zu Tokens abstrakt sein.

3.109 *Identitätstheorie*

(1) *Typen-Physikalismus:*
    (a) Mentale Typen (Eigenschaften) sind nichts weiter als bestimmte physikalische Typen (Eigenschaften).
    (b) Das mentale Vokabular kann in ein synonymes physikalistisches Vokabular (2.101) übersetzt werden.
(2) *Token-Physikalismus:*
    (a) Jedes Token, das zu einer mentalen Type gehört, gehört auch zu einer physikalischen Type.
    (b) Das mentale Vokabular kann nicht in ein synonymes physikalistisches Vokabular übersetzt werden.

Der Typen-Physikalismus behauptet etwa: Die Eigenschaft als *Typus*, Furcht zu empfinden, ist *nichts weiter* als die Eigenschaft, in der Amygdala einen Typus bestimmter neuronaler Aktivitäten aufzuweisen.

Der Token-Physikalismus behauptet demgegenüber: Ein bestimmtes einzelnes Furchterlebnis kann *auch* als ein bestimmter neuronaler Gehirnzustand beschrieben werden, und umgekehrt – wir können einzelne Ereignisse manchmal *unterschiedlich beschreiben*, zuweilen auch sowohl in einem mentalistischen Vokabular als auch in einem physikalistischen Vokabular (2.101). Akzeptiert man den Typen-Physikalismus, so gibt es kein eigenständiges mentales Vokabular (zum Physikalismus allgemein: 2.65 (2), 2.68, 2.69; zum verwendeten Begriff der Synonymität: 3.142 (7)), während der Token-Physikalismus mit dem Dualismus von physikalischem und mentalem Vokabular vereinbar ist.

Diese beiden Varianten der Identitätstheorie sind unterschiedlich stark: Der Typen-Physikalismus ist eine robuste materialistische und reduktionistische Theorie. Der Token-Physikalismus dagegen ist eine extrem weiche Position, die z. B. damit vereinbar ist, dass die mentalen Eigenschaften in einem nicht-physikalistischen Vokabular beschrieben werden können, vielleicht sogar beschrieben werden müssen.

Eine andere einflussreiche Idee knüpft an das Prinzip der mehrfachen Realisierbarkeit von nicht-mathematischen natürlichen Funktionen und an die Analogie zwischen Geist und Computer an (3.103). Dieses Prinzip kann auch auf funktionale Eigenschaften übertragen werden. Die Eigenschaft eines Türschlosses, geöffnet zu sein, ist beispielsweise eine funktionale Eigenschaft. Ihre Funktionalität besteht darin, dass wir diese Eigenschaft durch Hinweis auf kausale Ketten von Zuständen oder Ereignissen beschreiben können. Ein Türschloss ist beispielsweise offen genau dann, wenn wir, falls wir durch die Tür gehen wollen, den Türdrücker herunterdrücken und an der Tür ziehen oder sie stoßen, die Tür aufgeht und wir durch sie hindurchgehen können. Solche funktionalen Eigenschaften sind offenbar physikalisch mehrfach realisierbar, z. B.

in verschiedenen Konfigurationen und verschiedenen Materialien von konkreten Schlössern, die sämtlich offen sind. Ähnlich ist, wie bereits erwähnt, auch ein Computerprogramm durch unterschiedliche Hardware realisierbar.

Diese Vorstellung kann vereinfacht und verallgemeinert werden: Stellen wir uns ein mechanisches Laufband L mit Feldern vor, das in endlich vielen diskreten (= getrennten) Schritten nach links oder rechts rücken kann. Wenn auf den Feldern etwa immer eines von fünf verschiedenen Symbolen A, B, C, D, E auftaucht, dann könnte eine Maschinenbeschreibung von L lauten: »Bei A bleibt L stehen, bei B rückt L einen Schritt nach rechts, bei C rückt L zwei Schritte nach rechts, bei D rückt L einen Schritt nach links, bei E rückt L zwei Schritte nach links.« Diese einfachen Formen von maschinellen Anweisungen können durch verschiedene physikalische Mechanismen realisiert werden, mit deren Hilfe L konstruiert werden kann, um die Symbole abzulesen und damit den Effekt einer bestimmten Bewegung von L auszulösen. Dieser Maschinen- und Automaten-Begriff ist also keineswegs auf Gegenstände aus Blech und Drähten eingeschränkt (siehe 3.110 (4)).

Die entscheidende Idee der *funktionalen Theorie des Geistes* (sie wird auch als *Computertheorie des Geistes* bezeichnet, sollte aber nicht mit der veralteten Computermetapher des Gehirns verwechselt werden) ist es, den Geist als eine Menge von Funktionen oder *funktionalen Mechanismen* in diesem maschinellen Sinne aufzufassen. Ein mentaler Zustand wie beispielsweise Angst hat die Funktion, aufgrund bestimmter perzeptueller Stimuli (die Wahrnehmung, 4.184 (3) z. B. eines gefährlichen Wesens) eine Fluchtreaktion auszulösen und dadurch zur Erhaltung des reagierenden Wesens beizutragen: Die natürliche Funktion (2.97) des Angstzustandes ist wesentlich durch diese kausale Rolle definiert. Zugleich scheint klar zu sein, dass dieser funktionale Angstzustand durch verschiedene physiologische und neurobiologische Zustände realisierbar ist. Es gibt keine 1–1-Abbildung (keine umkehrbar eindeutige mathematische Funktion (2.96 (2)) zwischen physikalischen und mentalen Zuständen.

3.110 *Computertheorie (funktionale Theorie) des Geistes*

(1) Der *funktionale Mechanismus* eines Systems S (2.93) ist die Art und Weise, in der jede Systemkonfiguration von S durch Inputs in S sowie durch frühere Konfigurationen von S kausal bestimmt und abhängig ist.

(2) Der funktionale Mechanismus eines Systems wird durch eine *Aufgaben- oder Maschinenbeschreibung* dargestellt (= Angabe der regelgeleiteten Zustandswechsel der Maschine).

(3) Wenn ein System S einen funktionalen Mechanismus M hat, dann wird M durch S als physikalisches System realisiert.

(4) Ist O ein Organismus, so bedeutet es für O, *einen Geist zu haben*,

    (a) dass O die physikalische (insbesondere physiologische) Realisierung eines funktionalen Mechanismus ist,

    (b) und dass daher O die physikalische Realisierung eines kausalen Zusammenhangs ist, der sich durch eine passende Maschinenbeschreibung darstellen lässt.

Die Computertheorie des Geistes impliziert eine harsche Kritik an der physikalistischen Version der Identitätstheorie, also am Typen-Physikalismus. Denn aus 3.110 folgen offenbar zwei weitere Thesen:

(a) Der Reduktionismus des Behaviorismus (3.108) und des Typen-Physikalismus ist falsch, denn es gibt *innere* mentale Zustände, die zugleich wegen ihrer mehrfachen Realisierbarkeit in physikalischen Zuständen nicht typen-identisch mit Arten physikalischer Zustände sein können.

(b) Innere mentale Zustände werden nur über wechselseitige Beziehungen individuiert (»individuieren« ist ein ontologischer Terminus: x wird durch y *individuiert*, wenn y das x zu dem macht, was es ist), denn sie werden vollständig erst im Rahmen der gesamten Maschinenbeschreibung des zugrunde liegenden Gehirns bestimmt. Diesen Zusammenhang nennt man auch den *Holismus* innerer mentaler Zustände (unter dem *Holismus* für einen Gegenstandsbereich G versteht man den Umstand, dass die Elemente von G nur durch ihre wechselseitigen Beziehungen individuiert sind).

Die zweite dieser Konsequenzen droht die Computertheorie des Geistes allerdings in einen theoretischen Zirkel zu führen: Jeder *einzelne* mentale Zustand soll in seiner kausalen Rolle ja erst durch seine Beziehung zu anderen Zuständen bestimmt sein, die aber bereits als mentale Zustände zu gelten haben. Eine Verfeinerung der Position beseitigt dieses Problem. Eine solche Verfeinerung ist unter zwei Voraussetzungen möglich: Die Theorie muss zum einen als endlich axiomatisierte Theorie (1.40) darstellbar sein, und zum andern sind alle deskriptiven Ausdrücke der Theorie einteilbar in Beobachtungsbegriffe, die Beobachtbares beschreiben, und theoretische Begriffe über prinzipiell Nicht-Beobachtbares. Die Originaltheorie mit theoretischen Begriffen T (im folgenden Beispiel die kursiv gesetzten Ausdrücke) wird mittels der Ramsey-Darstellung (vgl. unten 3.111 (2)) in eine Form gebracht, die nur noch beobachtbare Ausdrücke P enthält, über die quantifiziert (1.28) wird. Eine Theorie macht nämlich nur Existenzannahmen (1.28 (3)) über solche Variablen (1.25), die durch einen vor der Formel stehenden Quantor (1.26 (2)) gebunden sind. Alle Axiome werden hintereinander geschrieben und durch »und« verknüpft, so dass der gesamte Gehalt der empirischen Aussagen der Theorie formal in einem einzigen Satz vorliegt.

3.111 · *Kausalitätstheoretischer Funktionalismus*

(1) Jeder mentale Zustand (3.104) Z eines Organismus O ist durch die kausalen Beziehungen von Z zu Inputs, Outputs und anderen mentalen Zuständen von O bestimmt.

(2) Die Ramsey-Darstellung eines Satzes $\forall x$ (… T(x) …) mit einem nicht-empirischen Prädikator T ist der Satz $\exists P \forall x$ (… P(x) …). In jeder psychologischen Theorie sind alle Sätze mit mentalen Prädikatoren M_i in ihre Ramsey-Darstellungen hinsichtlich der M_i zu verwandeln.

(3) Die Variablen (1.25) in einer Ramsey-Darstellung einer psychologischen Theorie laufen über physische Zustände.

Ein kleines Beispiel zu dieser Position ist die folgende elementare Schmerztheorie:

(Sch) (Schmerztheorie). Für jedes x gilt:

(a) Wenn x einen Gewebeschaden erleidet und *bei normalem Bewusstsein* ist, hat x Schmerzen.

(b) Wenn x wach ist, ist x *bei normalem Bewusstsein*.

(c) Wenn x Schmerzen hat, windet sich x und stöhnt und wechselt in einen *Zustand des Unbehagens*.

(d) Wenn x in einem *Zustand des Unbehagens* ist, macht x mehr Tippfehler.

In (a)–(d) sind die kursiv geschriebenen Prädikatoren mentale Prädikatoren. Sie beschreiben prinzipiell Unbeobachtbares. Aber zugleich sind alle Prädikatoren in (Sch) auf eine bestimmte Weise miteinander vernetzt. In den einzelnen Theorieaussagen mischen sich Prädikatoren verschiedener Art. Die Ramsey-Darstellung (Sch$_R$) der Theorie (Sch) sieht folgendermaßen aus:

(Sch$_R$) Es gibt Zustände M$_1$, M$_2$, so dass für jedes x gilt

(a)* Wenn x einen *Gewebeschaden* erleidet und in M$_1$ ist, hat x *Schmerzen*.

(b)* Wenn x *wach* ist, ist x in M$_1$.

(c)* Wenn x *Schmerzen* hat, *windet* sich x und *stöhnt* und wechselt in M$_2$.

(d)* Wenn x nicht in M$_1$, aber in M$_2$ ist, *macht* x *mehr Tippfehler*.

Über die beobachtbaren Eigenschaften P muss in der Ramsey-Darstellung von Theorien allerdings eine Existenzbehauptung getroffen werden. Der ontologische Preis dieses Verfahrens besteht also darin, dass man den Rahmen des Nominalismus (2.46, 2.47) verlassen und die Existenz von Universalien (2.43) behaupten muss.

Nicht alle einflussreichen Positionen innerhalb der neueren Philosophie des Geistes lassen sich den Theorietypen in 3.108–3.111 eindeutig zuordnen. Aber oft kann diese Übersicht für eine Einordnung weiterer Positionen nützlich sein. Drei Beispiele sollen dies verdeutlichen:

3.112 *Nagel-Physikalismus* (nach Thomas Nagel)

(i) Ist M eine mentale, P eine physikalische Eigenschaft, S eine Person, dann gilt: Zustand M(S) ist identisch mit Zustand P(S).

(ii) Die Identität, die in (i) behauptet wird, beruht genauer auf folgendem Prinzip:

Zustände Z1 und Z2 sind identisch genau dann, wenn alle kausalen Wirkungen von Z1 auch kausale Wirkungen von Z2 sind und umgekehrt.

(iii) Wenn zwei Zustände Z1 und Z2 im Sinne von (ii) identisch sind, dann müssen sie *nicht* notwendigerweise alle unabhängig zuschreibbaren Eigenschaften gemeinsam haben. Wir können daher trotz Geltung des Physikalismus (i) etwa auf Personen mit *verschiedenen* Vokabularen verweisen. Diese Vokabulare lassen sich vielleicht nicht aufeinander reduzieren (ein Vokabular V auf ein Vokabular V* zu *reduzieren* heißt, alle Begriffe aus V mit Begriffen aus V* zu definieren).

(iv) Selbst der Physikalismus im Sinne von (i) und (ii) kann die Art von Subjektivität nicht erklären, die mit dem phänomenalen Bewusstsein (3.167 (1)(a), 3.168) gegeben ist. Mit diesem Defizit ist allerdings jede Variante des Physikalismus belastet: Die *Spannung* zwischen der *Objektivität* des Physikalismus und der *Subjektivität* des Bewusstseins ist *unaufhebbar*.

Im Blick auf unsere Übersicht über Theorien des Geistes lässt sich der Nagel-Physikalismus in Gestalt von (i) am besten als eine Variante des Token-Physikalismus verstehen, die zusätzlich ein Element der Computertheorie bzw. des kausalitätstheoretischen Funktionalismus in Gestalt von (ii) enthält.

Die zweite Variante ist sogar genau auf den Token-Physikalismus zugeschnitten und versucht auf diese Weise, die mentale Verursachung (3.126) zu beschreiben:

3.113 *Davidson-Mentalismus* (nach Donald Davidson)

Drei Prinzipien sind wahr:
(i)   Einige mentale Ereignisse interagieren kausal mit physikalischen Ereignissen.
(ii) Kausale Interaktion setzt die Existenz von Naturgesetzen (2.70–2.73) voraus.
(iii) Das Mentale wird nicht von Naturgesetzen, sondern von rationalen Prinzipien beherrscht (das Mentale ist anomal).

Wenn mentale und physikalische Ereignisse als *individuelle Entitäten* (im Sinne von 3.109 (2)(a) identisch sind (nicht als Arten von Ereignissen) und es weder psychophysische noch psychologische Naturgesetze gibt, dann sind (i)–(iii) konsistent. Ein Ereignis ist dann *mental*, wenn es wesentlich (d. h. auf nicht-reduzierbare Weise) durch mentale Eigenschaften beschrieben werden kann.

Nach 3.113 kann ein mentaler Zustand insofern kausal auf physikalische Zustände wirken, als er *auch* als physikalischer Zustand beschreibbar ist und *als* physikalischer Zustand mittels deterministischer Naturgesetze auf andere physikalische Zustände wirken kann. Es besteht also ein Parallelismus zwischen gewissen kausalen Relationen eines Gegenstandes und den rationalen Relationen zwischen Eigenschaften auf seiner mentalen Ebene. Ähnlich wie Kausalität den Bereich des Naturgeschehens zusammenhält (2.74 (2), 2.75–2.77), ist Rationalität das Ordnungsprinzip für den Bereich des Mentalen.

Dieser Parallelismus muss *erklärt* werden können. Einem einflussreichen Vorschlag zufolge, der als *Psychosemantik* bezeichnet wird und auf Jerry Fodor zurückgeht, besteht der Lösungstrick in einem Rückgriff auf die *Syntax* (1.41 (1)) der Sprache eines Programms. Die Syntax von Symbolen ist eine der zentralen Eigenschaften dieser Symbole und kann zur *kausalen* Wirkung der Symbole wesentlich beitragen; und die *semantischen* Relationen zwischen Symbolen (d. h. diejenigen Relationen, die zwischen Symbolen aufgrund der Bedeutung der Symbole bestehen, wie etwa deduktive Relationen) können, wie wir oben am Beispiel des aussagenlogischen Kalküls gesehen haben, durch ihre syntaktischen Relationen abgebildet werden: »q« folgt semantisch aus »p« genau dann, wenn »q« aus »p« syntaktisch abgeleitet werden kann.

3.114 *Grundidee der Psychosemantik*

Der *Geist* ist eine Maschine, die folgende Eigenschaften hat:
(1) Die Operationen der Maschine bestehen ausschließlich aus Transformationen von Symbolen.
(2) In der Ausführung dieser Transformationen ist die Maschine ausschließlich für die Syntax (1.41 (1)) der Symbole sensitiv (d. h. sie reagiert auf Unterschiede im Aufbau der Symbole).
(3) Dabei verändern die Operationen an den Symbolen ausschließlich deren Syntax, also ihre äußere Form.
(4) Die Operationen über die Syntax der Symbole sind so konstruiert, dass eine bestimmte syntaktische Transformation zwischen Symbol S_1 und Symbol S_2 genau dann erfolgt, wenn S_1 und S_2 in einer bestimmten semantischen Relation zueinander stehen (»innere Sprache«).

Auf diese Weise soll der Parallelismus von Kausalität (2.74 (2), 2.75–2.77) und Rationalität, also von Physischem und Mentalem, modelliert sein. Die semantischen Relationen

der Symbole, die im Falle echter Computer durch sprachfähige Programmierer eingeführt werden, müssen im Falle
von Gehirn und Geist als *existent* in Geist und Kopf postuliert werden: In unserem Gehirn *gibt es eine Sprache des
Denkens (language of thought).*

Varianten des mentalen Physikalismus

Die bisher skizzierten klassischen modernen Theorien des
Geistes geben nicht in jedem Fall Aufschluss darüber, in
welchem genaueren Verhältnis die mentalen zu den physischen Phänomenen stehen (nur im Fall der robusten
Identitätstheorien ist der Fall klar, weil diesen Theorien
zufolge die Frage sich nicht mehr stellt). Wir müssen daher einige der wichtigsten Möglichkeiten umreißen, das
Verhältnis von Geist und Natur außerhalb von robusten
Identitätstheorien genauer zu beschreiben. Einige dieser
Beschreibungen knüpfen an die Computertheorie an und
bedienen sich des Begriffes der *Supervenienz*:

3.115 *Supervenienz*

Seien S und B Mengen von Eigenschaften, dann *supervenieren* S auf B, wenn alle Paare a und b von Gegenständen, die in Hinsicht auf ihre B-Eigenschaften
identisch sind, auch in Hinsicht auf ihre S-Eigenschaften identisch sind, d. h. wenn alle Paare a und b
von Gegenständen, die in Hinsicht auf ihre S-Eigenschaften verschieden sind, auch in Hinsicht auf ihre
B-Eigenschaften verschieden sind.
Die Eigenschaften B heißen *Supervenienzbasis*, die
Eigenschaften S heißen *supervenierende Eigenschaften.*

Supervenienz ist nach 3.115 ein einseitig gerichtetes Bestimmungsverhältnis zweier Mengen, die man als untere und obere Ebene anordnen kann. Die Beschaffenheit der Elemente beider Mengen kann zunächst offen bleiben. Die Beschaffenheit der Basisebene B legt die Beschaffenheit auf der supervenierenden Ebene S fest. Die Zustände auf der oberen Ebene werden einzig und vollständig durch die Zustände auf der unteren Ebene determiniert. Wurden zum Beispiel zwei Messerklingen aus demselben Material und mit derselben Schlifftechnik gearbeitet (Identität der physikalischen Basiseigenschaften), und ist eines der Messer scharf (supervenierende Eigenschaft), muss auch das andere scharf sein. Sind dagegen zwei Messerklingen scharf, können beide aus unterschiedlichen Metallen und mit unterschiedlicher Schliffform (z. B. glatter im Gegensatz zum geriffelten Schliff) gefertigt sein. Aufgrund multipler Realisierbarkeit (3.103) ist die Identität der supervenierenden Eigenschaften mit der Verschiedenheit der Supervenienzbasis verträglich.

Stellen wir uns eine sehr begrenzte Welt von Lebewesen vor, die nur vier Tierarten enthält: (1) Hasen, die alle braun sind, (2) Füchse, die ebenfalls alle braun sind, (3) Panther, die alle schwarz sind, und (4) Eisbären, die alle weiß sind. Dann supervenieren die drei Farbeigenschaften nach 3.115 auf den vier Tierarten, denn es gibt keine Tierart, die verschiedene Farben hat (dass zwei Tierarten dieselbe Farbe haben, verletzt die Supervenienz-Beziehung nicht). In der realen Welt supervenieren beispielsweise die phänomenal erlebbaren Temperatureigenschaften eines Gases auf den Eigenschaften des kinetischen (= auf die Bewegung bezogenen) Zustandes der Gasmoleküle, denn alle Temperaturunterschiede eines Gases beruhen auf Unterschieden im kinematischen Verhalten der Gasmoleküle, d. h. es gibt keine Temperatur des Gases unabhängig von Gasmolekülen und ihrer Kinematik: Die Gastemperatur ist durch den kinematischen Zustand der Gasmoleküle vollständig festgelegt. Die ästhetischen Eigenschaften eines Bildes supervenieren auf seinen physikalischen Eigenschaften, *wenn* gilt: Alle ästhetischen Unterschiede beruhen auf physikalischen Unterschieden des Bildes; es gibt keine reinen ästhetischen Eigenschaften *ohne* physikalische Eigenschaften; und die ästhetischen Eigenschaften sind durch die physikalischen Eigenschaften des Bildes festgelegt (während die zweite dieser drei Bedingungen sicher erfüllt ist, dürfte dies bei den anderen beiden Bedingungen strittig sein, z. B. im Falle einer Rezipientenästhetik, nach der ästhetische Eigenschaften auch von den Rezipienten abhängig sind).

Wir können allerdings genauer eine *schwache Supervenienz* von einer *starken Supervenienz* unterscheiden. Schwache Supervenienz ist schlicht Supervenienz in unserer aktualen Welt; starke Supervenienz ist jedoch *notwendige* Supervenienz, also Supervenienz *in allen möglichen Welten*:

3.116   *Schwache und starke Supervenienz*

Seien S und B Mengen von Eigenschaften, so dass S auf B supervenieren (im Sinne von 3.115);
(1) Wenn alle Paare a und b von Gegenständen in unserer aktualen Welt, die in Hinsicht auf ihre B-Eigenschaften identisch sind, auch in Hinsicht auf ihre S-Eigenschaften identisch sind, dann *supervenieren* S *schwach* auf B.
(2) Wenn für alle Paare a und b von Gegenständen und alle möglichen Welten W1 und W2 gilt: Wenn a in W1 in Hinsicht auf B-Eigenschaften identisch ist mit b in W2, dann ist a in W1 auch in Hinsicht auf S-Eigenschaften mit b in W2 identisch; dann *supervenieren* S *stark* auf B.

Stellen wir uns beispielsweise eine Welt vor, in der es unter anderem Menschen, Affen und Mäuse gibt. In dieser Welt sind alle Menschen musikalisch und feinfühlig, aber nicht fressgierig, alle Affen feinfühlig, aber weder musikalisch noch fressgierig und alle Mäuse fressgierig, aber weder musikalisch noch feinfühlig. Hier supervenieren die mentalen Eigenschaften Musikalität, Feingefühl und Fressgier auf den biologischen Eigenschaften Mensch, Affe und Maus, denn es gibt dann im Rahmen dieses Beispiels keine zwei Wesen mit derselben biologischen Form, die verschiedene mentale Eigenschaften haben (obgleich es Wesen mit unterschiedlicher biologischer Form gibt, die dieselbe mentale Eigenschaft haben – Menschen und Affen sind ja feinfühlig; doch ist diese Tatsache für Supervenienz irrelevant). Wenn dies nun zwar in dieser einzelnen Welt der Fall ist, wenn es jedoch eine mögliche Welt gibt, in der es etwa auch fressgierige Menschen und feinfühlige Mäuse gibt, dann ist die Supervenienz schwach. Wenn hingegen die biologischen Formen *notwendigerweise* die angeführten mentalen Eigenschaften erzeugen (wenn also z. B. zwei Wesen, die in allen möglichen Welten Affen sind, auch in allen möglichen Welten feinfühlig, aber nicht musikalisch und auch nicht fressgierig sind), z. B. weil die biologischen Eigenschaften aufgrund entsprechender unterschiedlicher limbischer Systeme in den Gehirnen von Menschen, Affen und Mäusen auf naturgesetzliche Weise die angeführten mentalen Eigenschaften hervorbringen, dann läge starke Supervenienz vor.

Wir können dann zur Erläuterung des Verhältnisses von Natur und Geist einen schwachen und einen starken mentalen Physikalismus formulieren (zum Physikalismus allgemein: 2.65 (2), 2.68, 2.69):

3.117 Schwacher und starker mentaler Physikalismus

(1) *Schwacher mentaler Physikalismus:* Mentale Eigenschaften supervenieren schwach auf physikalischen Eigenschaften.
(2) *Starker mentaler Physikalismus:* Mentale Eigenschaften supervenieren stark auf physikalischen Eigenschaften.

Der starke mentale Physikalismus tritt seinerseits in zwei verschiedenen Formen auf: Die eine Form greift auf die Idee einer *naturgesetzlichen* Realisierung mentaler Eigenschaften in physikalischen Eigenschaften zurück, die andere Form auf die Idee einer *strukturellen* Realisierung (zur Realisierung natürlicher Funktionen: 3.103).

3.118 Nomologischer Physikalismus

(1) Mentale Eigenschaften supervenieren stark auf physikalischen Eigenschaften.
(2) Eine Eigenschaft G eines Einzeldinges s wird durch die Eigenschaft F von s *naturgesetzlich realisiert*, falls F(s) gilt und G(s) aus F(s) aufgrund von Naturgesetzen hervorgeht.
(3) Mentale Eigenschaften sind in physikalischen Eigenschaften naturgesetzlich realisiert.

Die Temperatur eines Gases (als kausaler Effekt auf die Zustände eines Thermometers) superveniert z. B. nicht nur stark, sondern auch im nomologischen Sinne auf dem kinetischen Zustand der Gasmoleküle, denn dieser kausale Effekt ist nichts anderes als der naturgesetzliche Effekt des kinematischen Zustands der Gasmoleküle auf das Thermometer. Ein anderes Beispiel: Immer wenn eine be-

stimmte farblose chemische Substanz CS mit einer Base
verbunden wird, wird CS violett – und zwar dadurch,
dass CS durch Zusatz von Basen in ihren Molekülen eine
bestimmte Struktur annimmt (erzeugt durch einen basi-
schen pH-Wert). Dadurch absorbiert CS bestimmte Be-
reiche des sichtbaren Lichtes. Dass CS also die Farbe Violett annimmt, geht notwendigerweise aus molekularen
Strukturen und chemischen Naturgesetzen hervor.

Die Idee einer *strukturellen* Realisierung von Eigenschaften in anderen Eigenschaften (unter Wahrung starker
Supervenienz) lässt sich anhand quantitativer oder mathe-
matischer Eigenschaften verdeutlichen. Misst man z. B.
eine Anzahl von unterschiedlich großen Gegenständen
nach ihrer Größe, dann folgt daraus für einige Paare (x, y)
dieser Gegenstände, dass x größer ist als y. In jeder möglichen Welt, die mit unserer Welt darin übereinstimmt, dass
diese Gegenstände die gemessenen Größen haben, werden
die genannten Paare (x, y) auch die Größer-Relation erfüllen. Wenn wir die exakten Maße der Gegenstände beschreiben, werden wir dabei auf einen Verweis auf eine
Größer-Relation verzichten können, und um die Größer-
Relation zu beschreiben, müssen wir nicht notwendigerweise auf die exakten Maße zurückgreifen. Dennoch ist
die Größer-Relation nicht eine Eigenschaft von Gegen-
standspaaren, die im ontologischen Sinne über die exakten
Maße der Gegenstände hinausginge. Sie ist nämlich eine
allgemeinere Beschreibung der Maßverhältnisse, als es die
exakten Messungen sind. Und diese allgemeinere Beschreibung würde vor allem dann Sinn machen, wenn wir
aus kognitiven Gründen nicht alle exakten Messungen
durchführen könnten.

Diese Strukturbeziehungen gelten auch für viele mathematische Beispiele: Reelle Zahlen etwa sind unter der Addition und Multiplikation mit den Einselementen 0 bzw. 1
ebenso wie bestimmte geometrische Figuren unter gewissen Drehungen abelsche Gruppen (= algebraische Grup-

pen, die das Kommutativgesetz erfüllen, vgl. A4, Bd. 1, S. 121). Die Eigenschaft, eine abelsche Gruppe zu sein, wird von all diesen konkreten Fällen geteilt. Und doch geht diese allgemeine Eigenschaft, so scheint es, im ontologischen Sinne nicht über die strukturellen Eigenschaften aller einzelnen abelschen Gruppen hinaus. Wir werden im Übrigen vermutlich nie in der Situation sein, *alle* abelschen Gruppen, die es mathematisch gibt, aufzuzählen und zu beschreiben. Darum macht es nicht nur Sinn, die bekannten konkreten Fälle *allgemein* als abelsche Gruppen zu klassifizieren, es ist auch fruchtbar, diese *allgemeine* Struktur näher zu studieren, wie es die algebraische Gruppentheorie vorführt.

Auch unter biologischen Eigenschaften gibt es Hierarchien von spezielleren und allgemeineren Eigenschaften, in denen sich die Eigenschaften als biologische Strukturen oder Organisationsprinzipien auffassen lassen. In jeder möglichen Welt (2.59), in der ein Tier eine Katze ist, muss dieses Tier auch ein Lebewesen sein. Wenn wir beschreiben, was an Katzen *spezifisch* ist, wird der Ausdruck »Lebewesen« gewöhnlich nicht in dieser Beschreibung vorkommen; und wenn wir beschreiben, was an Lebewesen *spezifisch* ist, wird dabei der Ausdruck »Katze« vermutlich nicht vorkommen. Zwar ist die Eigenschaft eines Gegenstandes, ein Lebewesen zu sein, kein ontologischer Zusatz gegenüber der Eigenschaft, eine Katze zu sein; aber dennoch kann es Sinn machen, die Lebewesen-Eigenschaft jenseits und unabhängig von Eigenschaften spezifischer natürlicher Arten zu beschreiben und zu studieren.

Entscheidend ist, dass in allen diesen Beispielen die jeweils allgemeineren Eigenschaften nicht naturgesetzlich, sondern strukturell in den spezielleren Eigenschaften realisiert sind. Die *Notwendigkeit* dieser strukturellen Realisierung – ihre Geltung in allen möglichen Welten – beruht darauf, dass die allgemeineren Strukturen *partiell identisch* sind mit den spezielleren Strukturen: Die Eigenschaft, Lebewesen zu sein, ist ein metaphysisch unablösbarer Bestandteil der Katzenform oder Kaninchenform (heute wird man solche Formen vor allem in Begriffen *genetischer* Strukturen beschreiben). Und ebenso ist die Größer-Relation ein metaphysisch unablösbarer Bestandteil der Relation zwischen Größenpaaren wie (10, 7), (4, 3) usw. Es scheint wenig Sinn zu machen, angesichts dieser Beispiele von naturgesetzlichen Beziehungen zwischen allgemeineren und spezielleren Eigenschaften zu reden.

Der nächste Schritt beruht darauf, dass auch die mentalen Eigenschaften zu Makro-Eigenschaften des Gehirns oder des Körpers oder weiterer physischer Entitäten gehören könnten, die *allgemeiner* sind als die physikalischen und biologischen Mikro-Eigenschaften dieser Gegenstände. Davon gehen viele der einflussreichsten Theoretiker des Geistes tatsächlich aus. Beispielsweise sind Algorithmen in Wahrnehmungsprozessen (4.184 (3)) durch neuronale Vorgänge mehrfach realisierbar. Oder die neurobiologischen Eigenschaften des sogenannten Gehirnzustandes, der mit einer bestimmten Rotempfindung oder einem Schmerz korreliert sein soll, sind spezieller als die Rotempfindung selbst, denn verschiedene neurobiologische Eigenschaften können mit Rotempfindungen und Schmerzen korreliert sein, die wir nicht voneinander unterscheiden können. Ebenso ist die Eigenschaft, diesen Hund zu sehen, extrem allgemein im Verhältnis zu den neurobiologischen und physiologischen Zuständen, durch die sie realisiert wird: Sie kommt z. B. gleichermaßen verschiedenen Katzen zu, die in geeigneter Entfernung, aber aus durchaus unterschiedlichen raum-zeitlichen Positionen auf diesen Hund schauen.

Diese Überlegungen können als Position des *strukturellen (mentalen) Physikalismus* formuliert werden.

3.119 *Strukturelle Realisierung*

(1) Dass eine Eigenschaft B *allgemeiner* ist als andere Eigenschaften A_i, heißt: In unserer Welt macht jedes Phänomen p, das $A_i(p)$ wahr macht, auch $B(p)$ wahr, aber das Umgekehrte gilt nicht; und in jeder möglichen Welt, die mit unserer Welt darin übereinstimmt, dass $A_i(p)$ wahr ist, ist auch $B(p)$ wahr, aber das Umgekehrte gilt nicht (für jeden einzelnen Index i).

(2) Eine Eigenschaft B ist *strukturell realisiert* in anderen Eigenschaften A_i, falls B allgemeiner ist als die Eigenschaften A_i.

Selbstverständlich ist eine Eigenschaft B, die strukturell realisiert ist in anderen Eigenschaften A_i, auch *multipel* in den A_i realisierbar. Jetzt können wir festlegen:

3.120 *Struktureller Physikalismus*

(1) Mentale Eigenschaften supervenieren stark auf physikalischen Eigenschaften.

(2) Mentale Eigenschaften sind strukturell realisiert in physikalischen oder biologischen Eigenschaften.

Nomologischer und struktureller Physikalismus sind attraktive Positionen, die die mentalen Eigenschaften metaphysisch fest in physikalischen Eigenschaften verankern, ohne darauf verpflichtet zu sein, den Typus mentaler Eigenschaften mit dem Typus physikalischer Eigenschaften zu identifizieren. Sie sind zwei Varianten der *Realisierungstheorie des Mentalen*. Nun haben Menschen allerdings, wie bereits erwähnt, den Eindruck, dass

mentale Verursachung (3.126) möglich ist (nach 3.104).
Aber ist dieser Eindruck wirklich zutreffend? Mit dieser
Frage ist eines der schwierigsten Probleme der Theorie
des Geistes angesprochen – ein Problem, das offensichtlich eine Variante des modernen Körper-Geist-Problems
ist (3.106). Wir können dieses Problem ein wenig genauer lokalisieren, wenn wir uns klarmachen, dass wir drei
verschiedene Arten mentaler Eigenschaften und entspre-
chend drei verschiedene Ebenen des Geistes unterschieden haben:

3.121   *Ebenen des Geistes*

(1) Es gibt *drei verschiedene Ebenen des Geistes:*

   (a) die *psychologische Ebene*: Geist als Menge innerer Zustände mit kausalen Relationen und
kausalen Effekten für das Verhalten – das,
was der Geist *tut* (zum Begriff des Tuns:
5.231);

   (b) die *phänomenale Ebene*: Geist als Menge be-
wusster empirischer Erfahrungen im Sinne
des phänomenalen Bewusstseins (3.167 (1)(a),
3.168) – das, was der Geist *fühlt (qualitativ
erlebt)*;

   (c) die *repräsentationale Ebene*: Geist als Menge
von Repräsentationen (3.128) – das, was der
Geist *repräsentiert.*

(2) Es gibt nach (1) *drei verschiedene Leib-Seele-
(Gehirn-Geist)-Probleme*:

   (a) das Verhältnis des Gehirns zur psychologischen Ebene;

   (b) das Verhältnis des Gehirns zur phänomenalen Ebene;

   (c) das Verhältnis des Gehirns zur repräsentationalen Ebene.

(3) Es gibt nach (2) zusätzlich *drei verschiedene Geist-Geist-Probleme*:
   (a) das Verhältnis der psychologischen zur phänomenalen Ebene;
   (b) das Verhältnis der psychologischen zur repräsentationalen Ebene;
   (c) das Verhältnis der phänomenalen zur repräsentationalen Ebene.

Es gibt also nicht nur *drei verschiedene* Körper-Geist-Probleme, sondern auch drei verschiedene *Geist-Geist-Probleme*. Spricht man heute vom Kernproblem der mentalen Verursachung, hat man meist die Probleme (b) und (c) aus (2) in 3.121 im Sinn, allerdings nur in einem bestimmten Sinne. Wie nämlich physikalische oder biologische Eigenschaften des Gehirns (und des Körpers insgesamt) auf mentale Eigenschaften wirken, kann im Rahmen von nomologischem und strukturellem Physikalismus beschrieben werden. Aber dass *umgekehrt* mentale Eigenschaften des Gehirns auf physikalische oder biologische Eigenschaften des Gehirns (und des Körpers insgesamt) kausal einwirken können, daran bestehen inzwischen ernsthafte Zweifel. Gerade der nomologische und strukturelle Physikalismus legen nämlich einen *Epiphänomenalismus des Mentalen* nahe, der besagt, dass das Mentale zwar in physikalischen und biologischen Eigenschaften verankert ist, aber seinerseits keinerlei eigene kausale Kräfte besitzt. Das heutige Bild ist vielmehr:

3.122 *Epiphänomenalismus der mentalen Eigenschaften*

Wenn eine Eigenschaft B des Gehirns oder Organismus K nomologisch oder strukturell realisiert ist in physikalischen oder biologischen Eigenschaften A_i von K, dann besteht jede kausale Wirkung des Zustandes B(K) auf andere physikalische Zustände lediglich in der kausalen Wirkung mindestens eines dieser Zustände $A_i(K)$ auf diese physikalischen Zustände.

Gegenwärtig zeichnet sich eine Strategie ab, die über den Epiphänomenalismus der mentalen Eigenschaften hinausführt und den mentalen Eigenschaften autonome kausale Kräfte zuschreibt. Eine Variante dieser Strategie soll zum Abschluss dieses Kapitels skizziert werden.

Ein Modell mentaler Verursachung

Das Problem der mentalen Verursachung wird heute meist als Exklusionsproblem dargestellt:

3.123 *Das Problem der mentalen Verursachung als Exklusionsproblem*

(1) Das Physische und das Geistige sind verschieden.
(2) Das Reich des Physischen ist kausal vollständig (d. h. nomologische Erklärungen (2.88–2.91) brauchen den Bereich physischer Phänomene nicht zu verlassen).
(3) Das Geistige ist multipel im Physischen realisiert.
(4) Für jedes Ereignis, und daher insbesondere auch für jedes Verhalten, gibt es hinreichende physische Ursachen (2.74–2.77).
(5) Für das Geistige bleibt damit keine kausale Rolle übrig – die kausalen Kräfte des Geistigen scheinen »wegzutrocknen« und damit ausgeschlossen zu werden.

Wichtig ist, dass die Folgerung (5) durch Überdeterminierung (= überzählige Ursachen für dieselbe Wirkung) nicht vermieden wird: Selbst wenn klar wäre, wie mentale Verursachung (3.126) funktionieren kann, wäre der verursachte Effekt nach Bedingung (4) überdeterminiert.

In jüngster Zeit scheint sich ein Ausweg aus dem Problem der mentalen Verursachung abzuzeichnen. Um dies sehen zu können, müssen wir das *Konzept der Abwärts-Verursachung* aufgreifen. Die zentrale Idee ist, dass die Aktivierung bestimmter kausaler Kräfte der konstitutiven Teile eines Gesamtsystems zuweilen von den Relationen und Interaktionen zwischen diesen Teilen innerhalb des Gesamtsystems bestimmt wird. Dabei können dann allgemeine Eigenschaften (insbesondere auch mentale Eigenschaften) eine autonome kausale Kraft entfalten, die nicht auf die kausalen Kräfte ihrer physikalischen Realisierer reduzierbar ist.

Die Gastemperatur beispielsweise ist in gewissem Sinne *nichts anderes* als die Summe der kinetischen Energien der Gasmoleküle, aber als *Mittelwert* ist auch sie eine *Vereinfachung im Komplexen*. Und als eine solche Vereinfachung ist sie auch kausal wirksam, nämlich in Hinsicht auf andere makroskopische Dinge. Unsere Lungen beispielsweise reagieren allein auf diese Mittelwerte von Gasen, z. B. von Luft, nicht aber auf die molekularen Schwankungen der einzelnen Gasmoleküle. Im Rahmen der Evolution (2.94) haben sich Systeme (2.93, 2.95) entwickelt, die unter anderem aus Lebewesen mit Lungen und Luftmengen in ihrer Umgebung bestehen und die gewisse Relationen zwischen diesen Lebewesen und den Luft-Gasen aufweisen, die dazu führen, dass nur die Temperatur kausal auf die Lungen der Lebewesen wirkt und nicht die molekularen Schwankungen der einzelnen Gasmoleküle, in denen die Temperatur multipel realisierbar ist.

Ein weiteres Beispiel, das schon genauer auf den Spezialfall der mentalen Verursachung zielt: Die Eigenschaft, ein kleines schwarzes bewegliches Partikel zu sein, ist allgemeiner als die Eigenschaft, eine Fliege zu sein, obgleich zweifellos keine mögliche Welt existiert, die mit unserer Welt physikalisch identisch ist und in der es Fliegen gibt, die keine schwarzen beweglichen Partikel sind. Fliegen sind notwendigerweise kleine schwarze bewegliche Partikel, und die Eigenschaft, ein kleines schwarzes bewegliches Partikel zu sein, geht in diesem Sinne nicht hinaus über das Faktum, eine Fliege zu sein. Frösche ernähren sich von Fliegen. In gewisser Weise ist es daher korrekt zu sagen, dass ihr Wahrnehmungsapparat auf Fliegen reagiert. Es sind meist Fliegen, deren Wahrnehmung den Schnappmechanismus bei Fröschen auslöst. Aber ebenso klar und empirisch erwiesen ist, dass der Wahrnehmungsapparat und Schnappmechanismus der Frösche *nicht* darauf reagiert, dass gewisse Objekte in ihrer Umgebung die Eigenschaft haben, eine Fliege zu sein, sondern darauf, die Eigenschaft zu haben, ein kleines schwarzes bewegliches Partikel zu sein. Denn Frösche schnappen auch nach kleinen schwarzen beweglichen Partikeln, die etwa so groß sind wie Fliegen, völlig unabhängig davon, ob es sich um Fliegen handelt oder nicht. Sie reagieren – kausal, was denn sonst – auf *allgemeinere* Eigenschaften von Fliegen, also auf die Menge von Photonen, die Fliegen, *aber auch andere kleine schwarze bewegliche Partikel* aussenden, und zwar schlicht deshalb, weil in der evolutionären Geschichte von Fröschen in ihrer Umgebung hinreichend viele kleine schwarze bewegliche Partikel Fliegen waren. Es sind Relationen zwischen Fröschen und Fliegen, die als kausale Filter dafür sorgen, dass innerhalb dieses Systems nur die Eigenschaft gewisser Gegenstände, kleine schwarze bewegliche Partikel zu sein, kausal aktiv wird. Diese Relationen haben sich in der Evolution (2.94) durch natürliche Selektion gebildet, so dass die natürliche Selektion in diesen Fällen als allgemeinster kausaler Filter bezeichnet werden kann. Zwar ist in unserem Beispiel die Eigenschaft, ein kleines schwarzes bewegliches Partikel zu sein, ontologisch abhängig von der Eigenschaft, eine Fliege zu sein, doch ist es in diesem Szenario einzig die allgemeinere Eigenschaft, ein kleines schwarzes bewegliches Partikel zu sein, die eine kausale Wirksamkeit entfaltet. Daher wäre es falsch zu sagen, dass es die Eigenschaft ist, eine Fliege zu sein, die die gesamte kausale Arbeit verrichtet, die wir der Eigenschaft zuschreiben, ein kleines schwarzes bewegliches Partikel zu sein.

3.124 *Kausale Filter*

Seien x und y Entitäten derart, dass x die Eigenschaften P und Q hat und y die Eigenschaft S; sei außerdem R eine Relation zwischen x und y, die aus der Tatsache hervorgeht, dass x die Eigenschaften P und Q hat und y die Eigenschaft S; wenn dann die Relation R zwischen x und y den kausalen Effekt hat, dass nur das Faktum, dass x ein Q ist, nicht aber das Faktum, dass x ein P ist, einen kausalen Effekt auf y und seine Eigenschaft S hat, dann ist R ein *kausaler Filter* der kausalen Kräfte von x.

Den Begriff eines kausalen Filters können wir benutzen, um zu bestimmen, was eine Abwärts-Verursachung ist (metaphorisch stellt man sich dabei das Geistige als obere und das Physische als untere Ebene vor):

3.125 *Abwärts-Verursachung*

Seien x und y Entitäten derart, dass x die Eigenschaften P und Q hat und Q nomologisch oder strukturell realisiert ist in P; sei ferner R eine Relation zwischen x und y derart, dass R ein kausaler Filter ist, der den kausalen Effekt hat, dass das Faktum Q(x), aber nicht das Faktum P(x) einen kausalen Effekt auf y hat; dann übt R eine *Abwärts-Kausalität* auf die kausalen Relationen zwischen x und y aus.

Der entscheidende Punkt ist hier, dass R(x, y) eine *Selektion* vornimmt, die darüber entscheidet, welche der Eigenschaften von x auf y kausal wirken und welche nicht. R(x, y) ist ein kausaler Filter für kausale Kräfte von x. Ein kausaler Filter schirmt ein Ding y gegen bestimmte Eigenschaften eines Dings x ab und hält es für die Wirkung anderer Eigenschaften des x zugänglich. Und dabei kann die Eigenschaft Q von x, die durch R als kausal wirksam auf y selektiert wird, *durchaus allgemeiner sein* als die Eigenschaft P von x, deren kausale Wirkung durch R geblockt wird. Damit können wir im Umriss ein Modell (4.209) mentaler Verursachung skizzieren:

3.126 *Allgemeines Modell mentaler Verursachung*

(1) Wenn unter den Bedingungen von 3.125 Q(x) eine mentale Eigenschaft von x ist, die in der physikalischen Eigenschaft P(x) nomologisch oder strukturell realisiert ist, dann übt Q(x) eine autonome kausale Kraft auf y aus.

(2) Es gibt Relationen zwischen repräsentationalen Wesen (3.128), die als kausale Filter eine Abwärtskausalität auf Eigenschaften dieser Wesen ausüben, derart, dass mentale Eigenschaften dieser Wesen, die in physikalischen Eigenschaften strukturell oder nomologisch realisiert sind, autonome kausale Kräfte auf physikalische oder mentale Zustände (3.104) ausüben: Mentale Verursachung kommt unter repräsentationalen Wesen vor.

Wir haben jetzt einige der wichtigsten allgemeinen Positionen in der Philosophie des Geistes umrissen. Die spezifischen Eigenschaften des Geistes, die in diesen Positionen markiert werden – vor allem Funktionalität, Repräsentationalität und Bewusstheit – sind inzwischen in detaillierten Theorien ausbuchstabiert worden. In den nächsten drei Kapiteln werden wir die wichtigsten dieser Theorien kennen lernen. In ihnen verschmilzt die Philosophie des Geistes mit anderen Gebieten der theoretischen Philosophie, die traditionell gesondert behandelt wurden – vor allem mit der Sprachphilosophie (der philosophischen Theorie natürlicher Sprachen) und der *Semantik* (der philosophischen Theorie der Bedeutungen).

8. Repräsentationstheorie

Die Idee der Repräsentation

Eine wichtige Eigenschaft und Funktion geistiger Zustände ist, dass diese Zustände andere Zustände *repräsentieren*. Zuweilen wird die Idee der Repräsentation so formuliert, dass ein Zustand A einen anderen Zustand B repräsentiert, wenn A für B steht. Und dass A für B steht, wird dadurch erläutert, dass A ein *natürliches Zeichen* für B ist.

Bärenspuren im Schnee sind beispielsweise natürliche Zeichen dafür, dass Bären über den Schnee gelaufen sind, denn Bären, und nur Bären, produzieren naturgesetzlich Bärenspuren im Schnee. Eine alternative Beschreibung dieses Zusammenhanges lautet, dass die bedingte Wahrscheinlichkeit, dass Bären über den Schnee gelaufen sind, falls Bärenspuren im Schnee sind, gleich 1 ist. An dieser Stelle wird gewöhnlich ein einfacher Informationsbegriff eingeführt. Man sagt, dass die Bärenspuren im Schnee *die Information* tragen, dass Bären über den Schnee gelaufen sind. Allerdings ist der Gehalt dieser Information nicht eindeutig, denn die Bärenspuren im Schnee tragen z. B. auch die Information, dass irgendwelche Tiere über den Schnee gelaufen sind. Und dass Bären über den Schnee gelaufen sind, trägt in diesem Fall natürlich selbst wiederum die Information, dass irgendwelche Tiere über den Schnee gelaufen sind. Der Gehalt der Information ist daher eher die spezifischste Information, die mit dem Zeichen oder Signal verbunden ist. Und wenn bestimmte Typen von externen Situationen, und nur diese Typen von Situationen, in den Gehirnen bestimmter Lebewesen stets bestimmte neuronale Aktivitätsmuster erzeugen, dann sind diese neuronalen Aktivitätsmuster natürliche Zeichen für die entsprechenden Typen von externen Situationen. Sie tragen die Information, dass es eine Situation dieses

Typs gibt oder gegeben hat, sie stehen für, und *repräsentieren* in diesem Sinne, diese Situationstypen, wie es scheint. Wenn beispielsweise die Tatsache, dass dort eine Maus sitzt – und nur dieser Umstand – in Katzengehirnen regelmäßig ein bestimmtes neuronales Aktivitätsmuster hervorruft, dann ist dieses spezifische Aktivitätsmuster ein natürliches Zeichen für den Umstand, dass dort eine Maus sitzt.

Aber dieser Begriff von natürlichen Zeichen und Informationen erlaubt uns nicht zu sagen, dass es Bedingungen gibt, unter denen ein natürliches Zeichen oder Information eine Fehlinformation enthält oder eine Fehlrepräsentation darstellt. Darüber hinaus enthalten natürliche Zeichen offenbar nicht notwendigerweise eine Information *für* ein sensitives Wesen, obgleich sensitive Wesen natürliche Zeichen *als* Information *für sich* ausnutzen können:

3.127 *Natürliche Zeichen und Informationen*

(1) Wenn Tatsache T naturgesetzlich (d. h. vermittels Naturgesetzen, 2.70–2.73) Z produziert, und wenn Z durch nichts anderes als durch T naturgesetzlich produziert wird, dann ist Z ein *natürliches Zeichen* dafür, dass T der Fall ist.

(2) Wenn das natürliche Zeichen Z anzeigt, dass T der Fall ist, dann ist T die *natürliche Bedeutung* von Z.

(3) Wenn $p(T|Z) = 1$ ist, dann trägt Z die *Information*, dass T der Fall ist. Z trägt die *spezifischste Information*, dass T der Fall ist, falls Z die Information trägt, dass T der Fall ist, und wenn es kein T* gibt, so dass Z die Information trägt, dass T* der Fall ist, und T* die Information trägt, dass T der Fall ist.

(4) Wenn Z die spezifischste Information trägt, dass T der Fall ist, dann ist T der *natürliche Gehalt* der Information, die von Z getragen wird.

(5) Z *repräsentiert* T *im einfachen Sinne* genau dann, wenn T die natürliche Bedeutung von Z oder der natürliche Gehalt der von Z getragenen Information ist.

(6) Dieser Repräsentationsbegriff erlaubt es nicht zu formulieren, was eine Fehlrepräsentation ist.

Der letzte Punkt (6) aus 3.127 ist ein entscheidendes Defizit des einfachen Repräsentationsbegriffes, der nur mit Hilfe natürlicher Zeichen oder mit Hilfe des wahrscheinlichkeitstheoretischen Informationsbegriffes in (3) definiert wird. Ein reicherer und interessanterer Repräsentationsbegriff lässt sich anhand einiger Beispiele von Repräsentationen erläutern, die etwas auch dann repräsentieren, wenn sie als Repräsentationen unangemessen sind.

Grundsätzlich müssen wir zwischen *subsprachlichen* und *sprachlichen Repräsentationen* unterscheiden. Wahrnehmungen und Gefühle von Tieren, die keine natürliche Sprache sprechen, sind häufig Repräsentationen unterhalb der Sprachfähigkeit (3.172, 4.183). Ein Hund kann sein Frauchen sehen oder verbrannten Toast riechen oder vor einer fauchenden Katze Angst haben. Diese Wahrnehmungen repräsentieren auf subsprachliche Weise das Frauchen, den verbrannten Toast und die fauchende Katze. Derartige subsprachliche Repräsentationen kommen auch bei Menschen vor. Unter bestimmten Bedingungen kommt es aber auch zu Illusionen und Halluzinationen (4.183 (3)–(4)). Frösche schnappen nach kleinen schwarzen Partikeln, die keine Fliegen sind; ein gerader, ins Wasser getauchter Stock kommt uns geknickt vor, oder wir sehen eine Fata Morgana. Diese mentalen Zustände (3.104) möchten wir weiterhin als Repräsentationen ansehen können, jedoch als Repräsentationen, die etwas repräsentieren, was sie nicht repräsentieren *sollen*.

Wenn meine Tochter Corinna den Wunsch und die Überzeugung hat, dass sie im Jahre 2009 Abitur machen wird, dann sind ihr Wunsch und ihre Überzeugung sprachliche Repräsentationen, denn Corinna selbst drückt ihren Wunsch und ihre Überzeugung sprachlich aus, etwa im Deutschen oder im Englischen. Ihr Wunsch und ihre Überzeugung repräsentieren denselben Umstand – eben dass sie im Jahre 2009 Abitur machen wird. Aber Corinnas Wunsch und Corinnas Überzeugung repräsentieren, so möchten wir sagen, diesen Umstand unabhängig davon, ob Corinna tatsächlich im Jahre 2009 Abitur machen wird. Andernfalls könnten wir unerfüllte Wünsche und falsche Überzeugungen nicht verstehen. Wenn Petra zu Thorsten sagt: »Ich werde immer bei Dir bleiben«, dann repräsentiert dieser Satz den Sachverhalt, dass Petra immer bei Thorsten bleiben wird, und zwar sowohl dann, wenn Petra tatsächlich immer bei Thorsten bleibt, als auch dann, wenn sie ihn binnen zweier Wochen verlässt.

Unabhängig davon also, ob es sich um subsprachliche oder sprachliche Repräsentationen handelt, in jedem Fall sollten wir nicht einfach Repräsentationen von Fehlrepräsentationen unterscheiden, sondern einen übergeordneten Begriff von Repräsentation ins Auge fassen, der die beiden Fälle von *angemessenen* und *unangemessenen Repräsentationen* unter sich subsumiert. Eine der Möglichkeiten, diese Überlegung etwas genauer zu formulieren, ist ein Rückgriff auf den *Begriff des Gehaltes.* Dieser Begriff wird uns noch intensiv beschäftigen. Vorerst können wir sagen, dass Gehalte das sind, was angemessene und unangemessene Repräsentationen teilen – die Tatsache, mit dem sie ihrer natürlichen Funktion nach korreliert sein *sollen* (3.107). Diese Beziehung zwischen Repräsentationen und Gehalten sowie zwischen angemessenen und unangemessenen Repräsentationen verdient schon an dieser Stelle festgehalten zu werden, und zwar sowohl für subsprachliche als auch für sprachliche Repräsentationen. Auf dieser Grundlage können wir im Vergleich zu 3.127 einen reicheren und anspruchsvolleren Begriff von Information einführen. Der entscheidende Gedanke ist dabei, dass das Verfügen über – und Tragen von – Information mit angemessenen Repräsentationen korreliert ist:

3.128 *Gehalt und Repräsentation*

(1) Wenn R eine *Repräsentation* von X ist, dann ist X ein Umstand, mit dessen Vorkommen das Auftreten von R korreliert sein soll, und X heißt der *Gehalt* von R.

(2) Repräsentationen können *subsprachlich* oder *sprachlich* sein, je nachdem, ob die repräsentierenden Wesen ihre Repräsentationen mit sprachlichen Mitteln beschreiben können und gelegentlich auch tatsächlich beschreiben oder nicht.

(3) Wenn R eine Repräsentation mit dem Gehalt X ist und das Auftreten von R mit dem Vorkommen der Tatsache X korreliert ist, dann ist R eine *angemessene Repräsentation.*

(4) Wenn R eine Repräsentation mit dem Gehalt X ist und das Auftreten von R *nicht* mit dem Vorkommen der Tatsache X korreliert ist (d. h. im Wesentlichen, wenn R mit *keiner* besonderen Tatsache (Halluzination) oder mit einer *anderen* Tatsache als X (Illusion) korreliert ist (4.183 (3)–(4)), dann ist R eine *unangemessene Repräsentation*).

(5) Wenn X der Gehalt einer angemessenen Repräsentation R ist, dann *verfügt* das Wesen, in dem R vorkommt, *über die repräsentationale Infor-*

mation, dass X der Fall ist. Bei einer unangemessenen Repräsentation liegt eine repräsentationale Fehlinformation vor.

Auf diese Weise lässt sich ein reicherer Repräsentationsbegriff umreißen. Allerdings haben wir bisher Repräsentationen als *mentale* Zustände (3.104) und Repräsentationalität als Eigenschaft *mentaler* Zustände behandelt. Es gibt aber auch bestimmte *Zeichen,* die etwas im reichen Sinne repräsentieren und daher repräsentational sind. Dabei handelt es sich z. B. um Körperhaltungen, Gesichtsausdrücke, Gesten und sprachliche Äußerungen. Das Besondere an diesen Zeichen gegenüber natürlichen Zeichen ist, dass sie die Zustände, für die sie stehen, mehr oder weniger angemessen repräsentieren können. Einige der für die Philosophie des Geistes interessantesten dieser Zeichen werden von entsprechenden mentalen Repräsentationen kausal hervorgerufen. Der mentale repräsentationale Zustand der Aggression beispielsweise führt zu spezies-typischen Körperhaltungen oder muskulären Mustern im Gesicht; eine Geste kann Ausdruck von Verzweiflung sein, und Sätze (Äußerungen) der Form »a ist P« können zum Beispiel von einer Meinung oder von einer Hoffnung (also spezifischen mentalen Repräsentationen) mit dem Gehalt, dass a die Eigenschaft P hat, hervorgerufen werden. Wir nennen diese Zeichen – weitgehend analog zu 3.128 – *repräsentationale Zeichen.*

3.129 *Repräsentationale Zeichen*

(1) Wenn Z ein *repräsentationales Zeichen* ist, das X repräsentiert, dann ist X der *Gehalt* von Z, d. h. X ist diejenige Tatsache, mit dessen Vorkommen das Auftreten von Z korreliert sein soll.

(2) Gehalte von repräsentationalen Zeichen werden auch als *Bedeutungen* dieser Zeichen aufgefasst.

(3) Wenn Z ein repräsentationales Zeichen mit dem Gehalt X ist und das Auftreten von Z mit dem Vorkommen der Tatsache X korreliert ist, dann ist Z ein *zutreffendes repräsentationales Zeichen.*

(4) Wenn Z ein repräsentationales Zeichen mit dem Gehalt X ist und das Auftreten von Z mit dem Vorkommen der Tatsache nicht-X korreliert ist, dann ist Z ein *unzutreffendes repräsentationales Zeichen.*

(5) Wenn X die Bedeutung eines zutreffenden repräsentationalen Zeichens Z ist, dann *trägt Z die repräsentationale Information, dass X der Fall ist.*

(6) Repräsentationale Zeichen können subsprachlich oder sprachlich sein.

(7) Wenn Z ein repräsentationales Zeichen mit dem Gehalt X ist, das von einem Organismus O produziert wird, dann wird Z manchmal von einer mentalen Repräsentation von O mit dem Gehalt X hervorgerufen.

(8) Wenn Z ein repräsentationales Zeichen mit dem Gehalt X ist, das von einer mentalen Repräsentation von O produziert wird, dann kann ein anderer Organismus O*, der eine angemessene mentale Repräsentation mit dem Gehalt Z hat (der also Z beobachtet), auf das Vorkommen von Z in derselben Weise reagieren wie
   (a) auf das Vorkommen von X,
   (b) auf das Vorkommen der Repräsentation mit dem Gehalt X bei O.

(9) Die in (8) umrissenen Reaktionsweisen sind die Grundformen des *Verstehens* von Zeichen (nach (8)(a)) *und* von mentalen Repräsentationen (nach (8)(b)).

In 3.129 wird die Repräsentationalität repräsentationaler
Zeichen weitgehend analog zur Repräsentationalität mentaler Repräsentationen bestimmt. In (2) wird jedoch zusätzlich ein elementarer Bedeutungsbegriff eingeführt, der
weit verbreitet ist. Bei mentalen Repräsentationen spricht
man nur von Gehalten. Bei repräsentationalen Zeichen
kann man ebenfalls von Gehalten reden – z. B. von Gehalten von Äußerungen; aber meist werden diese Gehalte als
Bedeutungen der Zeichen angesehen. Bedeutungen sind
also Gehalte von repräsentationalen Zeichen.

Der entscheidende Zusatz in 3.129 kommt jedoch in
den Punkten (6), (7) und (8). Weil repräsentationale Zeichen von anderen Organismen als den Zeichenproduzenten beobachtet werden können, lassen sie sich von diesen
Organismen *verstehen*, und zwar entweder als Stellvertre-
ter für tatsächliche externe Ereignisse (z. B. im Falle von
Warnschreien) oder sogar als Indizien für mentale Zustände (3.104) der Zeichenproduzenten (z. B. Furcht, Freude).
Kein Organismus kann hinter die Schädeldecke oder die
Körperoberfläche anderer Organismen schauen. Repräsentationale Zeichen sind daher das entscheidende Mittel,
um *den repräsentationalen Geist anderer Wesen zu lesen*
(also »mind-reading« zu betreiben). Repräsentationale
Zeichen sind daher die *Grundlage aller Kommunikation*.

Wir wenden uns jetzt zunächst dem Phänomen subsprachlicher Repräsentationen im reicheren Sinne zu. Auf
diesem Gebiet ist in den letzten Jahrzehnten eine attraktive Theorie entwickelt worden, die sich in eine Familie von
Theorien der Gehalte und der Bedeutungen einfügt, die
man *externalistisch* (3.150 (2)) nennt, weil sie den Begriff
des Gehaltes und der Repräsentation im reichen Sinne mit
der Geschichte der kausalen Interaktionen repräsentationaler Wesen mit der externen Welt verknüpfen. Wir werden sehen, dass diese Theorien erhebliche Auswirkungen
auf den Begriff des Geistes haben.

Subsprachliche Repräsentationen

Der Ausgangspunkt für die Einführung eines angemessenen subsprachlichen Repräsentationsbegriffes ist der Begriff echter Funktionen, den wir oben in Kapitel 6 eingeführt hatten (2.100), denn dieser Begriff erlaubt es uns, auch von Dysfunktionen (= Fehlfunktionen) zu reden. Die Idee einer echten Funktion eines Merkmals an einem lebenden Wesen war im Kern, dass dieses Merkmal bei seinen Vorfahren weitere Eigenschaften erzeugte, die ihrerseits die Reproduktionswahrscheinlichkeit dieser Wesen steigerte, so dass sich das funktionale Merkmal evolutionär durchsetzen konnte. Echte Funktionen werden also durch eine evolutionäre Geschichte erklärt und nicht durch aktuelle Performanz (= eine tatsächlich erbrachte Leistung) – gerade deshalb ist das *Bestehen* echter Funktionen mit *aktueller* Dysfunktionalität vereinbar.

Auf der Grundlage dieses Begriffes echter Funktionen können wir einen reicheren subsprachlichen Repräsentationsbegriff einführen. Das ist die zentrale Idee der *Teleosemantik* als Theorie *subsprachlicher* Repräsentation (dabei soll »Teleosemantik« andeuten, dass es sich um normative Funktionen mit einem Zweck (griechisch: telos) für das ganze lebende System handelt). Wir können nämlich beispielsweise sagen: Die Vorfahren heutiger Zecken hatten Gehirne, die qualifizierte Eigenzustände produzierten (nämlich Zustände des Anspringens oder Nicht-Anspringens). Diese Eigenzustände waren ihrerseits 1–1-abgebildet auf (also durch eine umkehrbar eindeutige mathematische Funktion (2.96 (2)) zugeordnet zu) warmen Temperaturen von Wesen in der Nähe der Zecken (und zwar über das Registrieren von Buttersäure). Analog entwickelten die Gehirne von Fröschen und ihren Vorfahren Wahrnehmungsepisoden (4.184 (3)) von mehr oder weniger vielen kleinen schwarzen Partikeln, die genau dann auftraten, wenn mehr oder weniger Fliegen in der Nähe der Frösche waren (die

Auszeichnung der Wahrnehmungsepisoden und der entsprechenden externen Zustände läuft hier also im Wesentlichen über die Anzahl der Wahrnehmungsobjekte). *Das
heißt es, dass die Gehirne heute lebender Zecken die echte
Funktion haben, innere Zustände in Form des Fühlens von
Temperatur (eigentlich: Buttersäure) zu produzieren, deren
variable Aspekte 1–1-abgebildet sind auf Temperaturinter-
valle von Gegenständen in der Nähe von Zecken, oder dass
die Gehirne von Fröschen die echte Funktion haben, innere
Zustände in Form von Wahrnehmungsperioden zu produzieren, deren variable Aspekte 1–1-abgebildet sind auf An-
zahlen von Fliegen in der Umgebung der Frösche. Auf diese Weise wird das Vorkommen subsprachlicher Repräsentationen *evolutionshistorisch* erklärt.

Dieser Repräsentationsbegriff greift sowohl auf einen
Begriff natürlicher Funktionen (2.97) als auch über den
Verweis auf 1–1-Abbildungen auf den mathematischen
Funktionsbegriff (2.96 (2)) zurück. Allerdings stellen die
Gehirne von Zecken oder Fröschen die genannten
1–1-Abbildungen *nicht stets* fehlerlos her, sondern *die Gehirne haben die echte Funktion, diese 1–1-Abbildungen
herzustellen.* Beispielsweise waren Vorfahren von Zecken,
die über solche Gehirne und Fühler verfügten, statistisch
zahlreicher als derartige Wesen ohne Fühler (die Fühler
waren evolutionär vorteilhaft), und darum wurden Zecken
mit Temperaturfühlern weiter reproduziert: Das ist ein
Teil der nomologischen Erklärung (2.88–2.91) dafür, dass
heutige Zecken existieren. Diese reproduzierten Eigenschaften mussten natürlich mit geeigneten motorischen
Reaktionen kausal verbunden werden, wie etwa dem Be-
fall durch Zecken oder dem Auslösen des Schnappmechanismus bei Fröschen.

Wenn z. B. die Gehirne von Fröschen die echte Funktion haben, Wahrnehmungsvorgänge zu produzieren, deren
Varianten 1–1-abgebildet werden können auf das Vorkommen von Fliegen in unterschiedlicher Entfernung und

Qualität, dann *repräsentieren* diese Wahrnehmungsvorgänge die Fliegen, d. h. sie sind *Repräsentationen* dieser Fliegen, und Frösche insgesamt sind *repräsentationale Systeme*. Und dann können wir auch sagen: Fliegen sind die subsprachlichen *Teleogehalte* der entsprechenden Wahrnehmungsvorgänge (das ist eine erste elementarste Einführung eines Gehaltbegriffs). Die Pointe dieser semantischen Begrifflichkeit ist, dass wir beispielsweise sagen können: Hier haben wir vor uns einen lebendigen kleinen Frosch; manchmal schnappt der Frosch nach Fliegen, wenn keine da sind, und manchmal schnappt er nicht nach ihnen, wenn sie da sind, und oft kommen in seiner Umgebung viele kleine schwarze bewegliche Partikel vor, die keine Fliegen sind. In all diesen Fällen liegen unangemessene Repräsentationen vor. Die wichtigsten Ursachen dafür sind ungewöhnliche Umweltbedingungen und Fehler im Anzeigemechanismus. *Aber dennoch handelt es sich immer noch um Repräsentationen: Auch unangemessene Repräsentationen sind Repräsentationen* (3.128 (4)).

3.130 *Repräsentation und subsprachliche Teleogehalte*

(1) Sei S ein lebendes System (2.95), das ein Mitglied einer reproduktiven Familie (vgl. vor 2.94) ist und ein Gehirn hat; ein Gehirnzustand G(S) *repräsentiert* ein Ereignis A genau dann, wenn das Gehirn von S die echte Funktion (2.100) hat, zwischen den qualifizierten Zuständen von G(S) und den qualifizierten Zuständen von A eine 1–1-Abbildung (also eine umkehrbar eindeutige mathematische Funktion, 2.96 (2)) herzustellen.

(2) Sei S wie in (1); eine äußere körperliche Reaktion (Körperhaltung, Geste, Laut) Z von S ist ein *re-*

> *präsentationales Zeichen* und *repräsentiert* ein Ereignis A genau dann, wenn das Gehirn von S die echte Funktion hat, zwischen den qualifizierten Zuständen von Z und den qualifizierten Zuständen von A eine 1–1-Abbildung herzustellen.
>
> (3) Ein Gehirnzustand oder ein produziertes repräsentationales Zeichen eines lebenden Systems hat den *Teleogehalt* A genau dann, wenn der Gehirnzustand bzw. das repräsentationale Zeichen das Ereignis A repräsentiert. Teleogehalte sind *subsprachlich*.
>
> (4) Mit (1)–(3) sind die zentralen Ideen der *Teleosemantik* als Theorie subsprachlicher Repräsentationen und subsprachlicher Gehalte skizziert.

Bisher haben wir erklärt, inwiefern subsprachliche mentale Episoden Repräsentationen sein können. Auf dieser Grundlage lässt sich aber auch beschreiben, was es heißt, dass subsprachliche *Zeichen* Repräsentationen sind und Teleogehalte haben.

Bienentänze z. B. sind nicht nur Vorrichtungen mit echten Funktionen; sie sind auch *Zeichen*, d. h. sie werden *produziert* von den tanzenden Bienen und zugleich *interpretiert* von anderen, beobachtenden Bienen, deren Aufgabe (echte Funktion) es unter anderem ist, zur Nektarquelle zu fliegen und Honig zu beschaffen. Das Ganze funktioniert ferner nur dann, wenn die Konfigurationen und Transformationen den Adaptoren (der jeweiligen geometrischen Konstellation von Sonne, Bienenstock und Nektarquelle) umkehrbar eindeutig zugeordnet sind (im Sinne einer 1–1-Abbildung). Diese Abbildung enthält eine *systematische* Kovariation ihrer Relata, d. h. die abbildenden Parameter (z. B. die Konfigurationen der Bienentänze) und die abgebildeten Weltverhältnisse (die Adaptoren) verändern sich parallel auf regelmäßige Weise. Die Zeichen (als Typen) stehen also gleichsam in der Mitte zwischen einer produzierenden und einer interpretatorischen Vorrichtung und werden immer wieder reproduziert, sind also Mitglieder einer reproduktiven Familie. Ihre echte Funktion ist es, auf der Basis der genannten Abbildung eine Adaption der interpretatorischen Vorrichtungen an Bedingungen (Adaptoren) herzustellen, unter denen diese Vorrichtungen ihre eigenen echten Funktionen erfüllen können. Beispielsweise ist es die echte Funktion bestimmter Bienentänze, die interpretierenden Bienen auf die Nektarquelle (also auf den entscheidenden Adaptor) auszurichten, und diese Ausrichtung ist die Bedingung dafür, dass die interpretierenden Bienen ihre Aufgabe (die Nektarbeschaffung) angemessen durchführen können. Aber zugleich ist auch klar, dass die tanzenden Kundschafter-Bienen ihre echte Funktion nicht wirklich erfüllen, wenn die Honigbienen sie nicht korrekt interpretieren: Eine adäquate Kooperation zwischen tanzenden Bienen (den Zeichenproduzenten) und Honigbienen (den Zeichenkonsumenten) ist die Bedingung dafür, dass beide ihre jeweilige echte Funktion gut ausführen.

Nur wenn alle genannten Bedingungen erfüllt sind, sprechen wir von *repräsentationalen Zeichen*. Die subsprachlichen Zeichen sind dann ebenfalls *Repräsentationen* und haben Teleogehalte – der Bienentanz Adagio Nr. 4 z. B. *repräsentiert* eine bestimmte Figuration von Bienenstock, Nektarquelle und Sonne, oder hat diese Figuration als *Teleogehalt*. Dasselbe gilt z. B. von bestimmten *mimischen Ausdrücken von elementaren Gefühlen* bei vielen höheren Tieren. Diese Ausdrücke sind repräsentationale Zeichen, d. h. das Gehirn der Tiere hat die echte Funktion, eine 1–1-Abbildung (2.96 (2)) zwischen bestimmten Gefühlszuständen und mimischen Ausdrücken (etwa im Gesicht) herzustellen, und andere Tiere können diese Ausdrücke subsprachlich in einem elementaren Sinne verstehen (3.129 (8), 3.172).

Wie bereits angedeutet, ist diese Theorie subsprachlicher Repräsentationen *externalistisch* (3.150 (2)), insofern sie das Vorkommen von Repräsentationen an eine Geschichte der Interaktionen von Vorfahren repräsentationaler Wesen mit externen Ereignissen und Zuständen in ihrer Umwelt bindet. Damit wird nicht nur die *Entstehung* von subsprachlichen Repräsentationen evolutionstheoretisch (2.94) erklärt. Vielmehr behauptet die Teleosemantik auch, dass das *Vorkommen* von subsprachlichen Repräsentationen in einzelnen Wesen wie z. B. uns Menschen einen *notwendigen* Bezug auf die externe Welt und auf eine Geschichte von Interaktionen mit der externen Welt enthält. Eine Repräsentation zu haben *heißt*, in dieser Weise auf die externe Welt bezogen zu sein. Repräsentationen können nicht allein internalistisch, also allein unter Hinweis auf Phänomene *in* repräsentationalen Wesen beschrieben werden (3.150 (1)). Und das bedeutet, dass der Geist – unser aller Geist zum Beispiel – sich buchstäblich auf die externe Welt hinaus erstreckt. Dieser Theorie zufolge können mentale Repräsentationen daher nicht typen-identisch (vgl. 3.109 (1)) mit neurobiologischen inneren Gehirnzuständen sein.

3.131 *Ausdehnung des repräsentationalen Geistes*

(1) Mentale Repräsentationen und repräsentationale Zeichen repräsentieren ein Ereignis A, im Sinne von 3.130, zu einem bestimmten Zeitpunkt t unabhängig davon, ob sie zu t mit diesem Ereignis korreliert sind, z. B. auch dann, wenn sie mit keinem neuen Ereignis korreliert sind (Halluzination) oder wenn sie mit einem von A verschiedenen Ereignis korreliert sind (Illusion) (4.183 (3)–(4)).

(2) Repräsentationen können daher sowohl angemessen als auch unangemessen sein. Dasselbe gilt von repräsentationalen Zeichen.

(3) Der repräsentationale Geist (also Gehirnzustände, die mental sind, insofern sie repräsentational sind und einen Gehalt haben) ist *nicht nur im Kopf*; vielmehr ist die Geschichte der Wechselwirkungen lebender Systeme (2.95) und ihrer Gehirne mit *externen* Ereignissen *konstitutiv* für das Mentale im Sinne des Repräsentationalen.

(4) Der repräsentationale Geist eines lebenden Systems S reicht nach (3) über die Grenzen von S hinaus. Die Teleosemantik ist eine *externalistische Theorie subsprachlicher Repräsentation.*

(5) Subsprachliche repräsentationale Zustände sind nicht typen-identisch mit inneren Gehirnzuständen, in denen sie unter anderem realisiert sind.

Sprachliche Repräsentationen und propositionale Gehalte

Zum Abschluss dieses Kapitels erweitern wir die bisher skizzierte Theorie subsprachlicher Repräsentationen dadurch, dass wir einen Teil der Terminologie dieser Theorie auf *sprachlich geprägte Repräsentationen und sprachliche (repräsentationale) Zeichen* ausdehnen. Diese Erweiterung besteht im Wesentlichen darin, dass der Begriff des Gehaltes sprachlicher Zeichen und sprachlich geprägter Repräsentationen ein wenig genauer erläutert wird. Damit lässt sich eine detaillierte Theorie natürlicher Sprachen und sprachlich geprägter Repräsentationen, die wir im nächsten Kapitel besprechen werden, gut vorbereiten.

Unter einer *natürlichen Sprache* verstehen wir eine Sprache, die in menschlichen Gemeinschaften gesprochen wird – beispielsweise das Englische, das Spanische, das

Französische, oder Suaheli. Natürliche Sprachen sind also humanspezifische Sprachen, nicht etwa Tiersprachen, und sie sind kulturell entstandene und tradierte Sprachen (5.278 (4)), nicht künstliche Sprachen wie etwa die logische Sprache oder Esperanto. Wie bereits bemerkt (3.128 (1)), können Repräsentationen von sprachmächtigen Wesen mit sprachlichen Mitteln ausgedrückt werden. Dann reden wir von sprachlichen Repräsentationen und sprachlichen Zeichen, deren semantisch wichtigste Formen Gedanken und Sätze sind.

3.132 *Sprachliche Repräsentationen und sprachliche Zeichen*

(1) *Sprachliche Zeichen* sind repräsentationale Zeichen im Sinne von 3.129, die
    (a) von Wesen produziert und verwendet werden, die eine natürliche Sprache meistern, und
    (b) Teil dieser natürlichen Sprache sind.
(2) *Sprachliche Repräsentationen* sind mentale Repräsentationen im Sinne von 3.128, die
    (a) von Wesen produziert werden, die eine natürliche Sprache meistern, und
    (b) von diesen Wesen mit sprachlichen Mitteln beschrieben werden können.
(3) Die kleinsten Einheiten sprachlicher Zeichen, die etwas kundtun, sind *Sätze* und insbesondere *deskriptive Sätze* (= Aussagen).
(4) Die kleinsten Einheiten sprachlicher mentaler Repräsentationen, die etwas kundtun, sind *Gedanken,* insbesondere deskriptive Gedanken (= Meinungen, Überzeugungen).
(5) Angemessene deskriptive Gedanken und Sätze sind *wahr,* unangemessene deskriptive Gedanken und Sätze sind *falsch.*

Mit 3.132 wird die Charakterisierung *sprachlicher* Repräsentationen und Zeichen in die *allgemeine* Kennzeichnung von mentalen Repräsentationen und repräsentationalen Zeichen in 3.128–3.129 integriert. Das bedeutet,

(a) dass auch sprachliche Zeichen mit dem Gehalt X gewöhnlich von mentalen Repräsentationen mit dem Gehalt X hervorgerufen werden,

(b) dass Beobachter des Vorkommens von sprachlichen Zeichen mit dem Gehalt X auf das Vorkommen dieser Zeichen in derselben Weise reagieren wie auf das Vorkommen von X oder auf das Vorkommen der Repräsentation mit dem Gehalt X, von der das Zeichen hervorgerufen wird, und

(c) dass diese Reaktionsweisen die Grundformen des *Verstehens* von sprachlichen Zeichen und von mentalen sprachlichen Repräsentationen sind (3.139).

All das gilt also gleichermaßen von subsprachlichen wie sprachlichen Repräsentationen und Zeichen. Sprachliche Repräsentationen und Zeichen sind gegenüber subsprachlichen Repräsentationen und Zeichen (3.130) unter anderem dadurch ausgezeichnet,

(d) dass sie weitaus feiner differenzierte Gehalte haben und daher die externe Welt und die mentalen Zustände (3.104) anderer repräsentationaler Wesen viel genauer beschreiben können,

(e) dass sie die Metarepräsentation, also die Repräsentation anderer Repräsentationen *als* Repräsentationen, erheblich erleichtern, vielleicht sogar erst möglich machen und

(f) dass sie leichter schriftlich darstellbar sind und damit eine Grundlage der Tradierung und Kumulation (= Anhäufung) von Weltbeschreibungen sind.

Die wichtigste Basis einer Theorie natürlicher Sprachen ist eine Analyse der besonderen Merkmale der *Gehalte* sprachlicher Repräsentationen und Zeichen, insbesondere der Gehalte von Gedanken und Sätzen. Wenn Fritz meint oder sagt: »Kant ist ein einflussreicher Philosoph«, dann ist der Gehalt dieser Meinung und dieses Satzes, *dass Kant ein einflussreicher Philosoph ist.* Dieser Gehalt wird also durch einen Satz im Rahmen einer Dass-Klausel beschrieben. Darum nennt man solche Gehalte *propositional.* Und umgekehrt wird die Beschreibung eines Gehaltes in Form eines Satzes im Rahmen einer Dass-Klausel meist als Indiz dafür betrachtet, dass dieser Gehalt propositional ist und der Gehalt einer sprachlichen Repräsentation oder eines sprachlichen Zeichens ist.

In diesem Sinne können wir zum Beispiel sagen, dass eine Katze den verbrannten Toast riechen kann, dass sie aber nicht wahrnehmen kann, *dass* der Toast verbrannt ist: Ihre Wahrnehmung hat zwar einen Gehalt, aber nicht einen propositionalen Gehalt. Ein Furchtzustand kann einen Gehalt haben, der nicht propositional ist – z. B. Tiere, die nicht sprechen können, fürchten sich oft *vor* einer Gefahr; aber wir Menschen können auch sprachlich artikulieren, dass wir uns z. B. davor fürchten, *dass* wir arbeitslos werden: Unsere Furcht hat dann einen propositionalen Gehalt, den wir mit einer sprachlichen Dass-Klausel angeben.

Verschiedene Arten von mentalen sprachlichen Repräsentationen oder sprachlichen Zeichen können denselben propositionalen Gehalt haben: Ich kann davon überzeugt sein und daher behaupten, dass Donald Davidson gestorben ist, aber ich kann auch traurig darüber sein und daher mit einer entsprechenden Äußerung beklagen, dass Davidson gestorben ist. Meine Überzeugung (Behauptung) und meine Trauer (Klage) haben dann denselben propositionalen Gehalt. Man spricht hier gegenwärtig meist von verschiedenen *psychischen Modi* propositional gehaltvoller Repräsentationen und Zeichen (und nicht mehr wie noch vor einiger Zeit von Sprechakten (1.1)).

Die Äußerung »Morgen besuche ich (= Barbara) dich (= Franz) ganz sicher« hat z. B. einerseits den propositionalen (d. h. sprachlich formulierbaren) Gehalt oder die Bedeutung, dass die Sprecherin Barbara den Hörer Franz morgen ganz sicher besucht, und andererseits den psychischen Modus des Versprechens.

3.133 *Propositionale Gehalte*

(1) Die Gehalte von Sätzen und Gedanken (3.132) heißen *propositional* und werden in Gestalt sprachlicher Dass-Klauseln beschrieben: Der propositionale Gehalt des Satzes oder Gedankens »p« ist: dass p.

(2) Propositionale Gehalte von Sätzen und anderen sprachlichen Zeichen heißen auch *Bedeutungen* dieser Zeichen.

(3) Sätze und Gedanken haben neben einem propositionalen Gehalt auch einen *psychischen Modus*, d. h. eine bestimmte Verwendungsweise (der psychische Modus von Sätzen wird auch *Sprechakt* (1.1) genannt).

Der propositionale Gehalt lässt sich auch beschreiben als *Erfüllungsbedingung* des Satzes, als Bedingung, unter welcher der Satz seinem Äußerungsanspruch nach erfüllt ist (3.140 (3)). Wenn wir die propositionalen Gehalte als Erfüllungsbedingungen verstehen, lässt sich erkennen, dass sie zwei verschiedene charakteristische Ausrichtungen enthalten können: Meinungen sind beispielsweise auf die Welt ausgerichtet, denn wenn sie falsch sind, liegt dies an den Meinungen – die Meinungen passen nicht zu der Welt. Man sagt daher, dass z. B. Meinungen eine *Wort-auf-Welt-Ausrichtung* haben. Wünsche (5.261) haben eine *Welt-auf-Wort-Ausrichtung*, denn wenn sie nicht erfüllt sind, liegt dies an der Welt: Die Welt fügt sich den Wünschen nicht.

> **3.134** *Wort-auf-Welt-Ausrichtung und Welt-auf-Wort-Ausrichtung*
>
> (1) Propositionale Gehalte von Gedanken und Äußerungen sind *Erfüllungsbedingungen* (3.140 (3)) für diese Gedanken oder Äußerungen.
> (2) Diese Erfüllungsbedingungen (3.140 (3)) weisen entweder eine *Wort-auf-Welt-Ausrichtung* oder eine *Welt-auf-Wort-Ausrichtung* auf.
> (3) Deskriptive Gedanken (Überzeugungen, Meinungen) und Sätze (Aussagen, Feststellungen) weisen eine Wort-auf-Welt-Ausrichtung auf, denn wenn sie *nicht* erfüllt sind (d. h. wenn sie falsch sind), liegt dies am Gedanken oder Satz (Gedanke und Satz sind nicht so, wie es die Welt verlangt).
> (4) Präskriptive Gedanken (Wünsche, Absichten) und Sätze (Befehle, Aufforderungen) weisen eine Welt-auf-Wort-Ausrichtung auf, denn wenn sie *nicht* erfüllt sind (d. h. wenn sie nicht realisiert werden können), liegt dies an der Welt (die Welt ist nicht so, wie es Wünsche oder Befehle verlangen).

Der Gedanke »Aristoteles hat tatsächlich Alexander den Großen unterrichtet« hat z. B. (1) den propositionalen Gehalt oder die Bedeutung, dass Aristoteles tatsächlich Alexander den Großen unterrichtet hat, (2) den psychischen Modus der Feststellung und (3) die Erfüllungsbedingung (Wahrheitsbedingung (3.140 (3)), dass Aristoteles tatsächlich Alexander den Großen unterrichtet hat, und zwar (4) im Sinne einer Wort-auf-Welt-Ausrichtung.

Die Worte sollen die Welt so beschreiben, wie es die Welt verlangt. Der Ausruf von Franz Meier »Ich möchte ein besserer Physiker sein als mein Physikprofessor Xaver Müller« hat (1) den propositionalen Gehalt oder die Bedeutung und auch die Erfüllungs- oder Wahrheitsbedingung, dass Franz Meier ein besserer Physiker als sein Physikprofessor Xaver Müller ist, (2) den psychischen Modus des Wunsches, und zwar (3) im Sinne einer Welt-auf-Wort-Ausrichtung: Die Welt soll so sein, wie es die Worte verlangen.

Die bisherige Kennzeichnung propositionaler Gehalte scheint recht trivial zu sein: Diese Gehalte sollen im Falle von Sätzen schlicht durch Wiederholung dieser Sätze innerhalb einer Dass-Klausel angegeben werden. Worin liegt – so könnte man fragen – der Witz der Rede über propositionale Gehalte, wenn die Angabe des propositionalen Gehaltes eines Gedankens oder Satzes »p« lediglich in einer Wiederholung des Satzes in Gestalt der Phrase »dass p« besteht? Doch der Eindruck der Trivialität täuscht. Propositionale Gehalte sind nämlich nach herkömmlicher Auffassung durch mindestens drei besondere Merkmale ausgezeichnet: Sie erzeugen intensionale Kontexte, sie sind normativ, und sie lassen sich nur holistisch individuieren. Diese drei Merkmale müssen genauer erläutert werden:

3.135 *Erzeugung intensionaler Kontexte (erstes Merkmal propositionaler Gehalte)*

(1) Ein Gedanke oder Satz p *erzeugt einen extensionalen* (1.10) *Kontext*, falls gilt: Wenn ein beliebiger Teil t von p (wobei auch t = p sein kann) durch einen Ausdruck t* substituiert wird, der synonym (3.142 (7)) mit t ist, so dass aus p der Satz p* wird (der statt t den Ausdruck t* ent-

hält), dann hat p* denselben Wahrheitswert (1.6) wie p *(Substitution synonymer Ausdrücke salva veritate)* (= unter Beibehaltung des Wahrheitswertes des Originalsatzes).

(2) Ein Gedanke oder Satz p *erzeugt hingegen einen intensionalen* (1.10) *Kontext*, falls gilt: Es gibt einen Teil t von p, der durch einen mit t synonymen Ausdruck t* so substituiert werden kann, dass der resultierende Satz p* einen anderen Wahrheitswert hat als p.

(3) Sätze, die den propositionalen Gehalt eines Gedankens oder Zeichens eines sprachmächtigen Wesens beschreiben (in der Form *S denkt (gibt an), dass p*), erzeugen intensionale Kontexte *(erste Besonderheit propositionaler Gehalte)*.

In 3.135 und im Folgenden sind die Variablen metasprachliche Zeichen. Betrachten wir etwa den Satz p: »Fido biss den Briefträger, der daraufhin laut fluchte«, sowie den Satz p*: »Der Briefträger wurde von Fido gebissen und fluchte daraufhin laut.«

Satz p* wird aus p erzeugt, indem in p der Satzteil (i) »Fido biss den Briefträger« durch den Satzteil (ii) »Der Briefträger wurde von Fido gebissen« substituiert wird; aber (i) und (ii) sind synonym, also haben p und p* denselben Wahrheitswert: (i) kann durch (ii) salva veritate substituiert werden.

Oder betrachten wir den Satz p: »Petra forderte Peter auf, ihr Zimmer zu verlassen«, sowie den Satz q: »Christian meint, dass Mozart ein großer Komponist war.« Gelte nun: (a) Peter ist der klügste Mensch in Petras Zimmer, und (b) Mozart schrieb die *Entführung aus dem Serail*. Dann sind die Ausdrücke (i) »Peter« und »der klügste Mensch in Petras Zimmer«, sowie (ii) »Mozart« und »der Komponist der *Entführung aus dem Serail*«, synonym.

Die entsprechende Substitution führt zu Satz p*: »Petra forderte den klügsten Menschen in ihrem Zimmer auf, ihr Zimmer zu verlassen«, und zu Satz q*: »Christian meint, dass der Komponist der *Entführung aus dem Serail* ein großer Komponist war.« Aber wenn Petra nicht weiß, dass (a) gilt, und wenn Christian nicht weiß, dass (b) gilt, sind p* und q* falsch, selbst wenn p und q wahr sind. In p und q gibt es also einen Satzteil, der nicht salva veritate substituiert werden kann: p und q erzeugen einen intensionalen Kontext.

3.136 *Normativität (zweites Merkmal propositionaler Gehalte)*

(1) Es macht Sinn zu sagen, dass die Erfüllungsbedingungen (3.140 (3)) von Gedanken und Sätzen erfüllt sein *sollten*, obgleich es der Fall sein kann, dass sie nicht erfüllt sind.

(2) Wenn Person S einen Gedanken mit dem Gehalt X hat, dann macht es Sinn zu sagen, dass sie nicht zugleich oder kurz darauf einen Gedanken mit dem Gehalt nicht-X haben *sollte*, obgleich dies sehr wohl der Fall sein kann.

(3) Es macht manchmal Sinn zu sagen, dass ein propositional gehaltvoller Gedanke oder Satz p zu einem weiteren propositional gehaltvollen Gedanken q führen *sollte* (p ist dann *Grund* oder *Prämisse* für q).

(4) In (1)–(3) sind drei Formen der *Normativität* propositionaler Gehalte skizziert (*zweite Besonderheit propositionaler Gehalte*).

(5) Die Menge der propositional gehaltvollen Gedanken und Sätze, die Normativitätsformen (1)–(3) erfüllen, heißt auch *logischer Raum der Gründe* (3.163).

Es macht beispielsweise Sinn zu sagen, dass Wünsche in
Erfüllung gehen *sollten* (5.261) und dass Behauptungen
wahr sein *sollten*. Oder wenn Günther meint, Hamburg
liege südlich von Hannover, dann *sollte* Hamburg südlich
von Hannover liegen, und Günther *sollte* z. B. auch meinen, dass Hannover nördlich von Hamburg liegt. Günther
sollte dagegen nicht auch meinen, Hannover liege südlich
von Hamburg. Und wenn Christine denkt, dass sie nervös
ist, und dass ihr immer dann, wenn sie nervös ist, Denkfehler unterlaufen, dann *sollte* sie auch denken, dass ihr
Denkfehler unterlaufen, und sie *sollte nicht* davon überzeugt sein, dass ihr jetzt keine Denkfehler unterlaufen
werden. Die *Normativität*, die mit diesem Sollen verbunden ist, scheint also in die Erfüllungsbedingungen (3.140
(3)), also in die propositionalen Gehalte und ihre logischen Beziehungen gleichsam direkt eingebaut zu sein.

> **3.137** *Holismus (drittes Merkmal propositionaler
> Gehalte)*
>
> (1) Der propositionale Gehalt eines Gedankens oder
>   Satzes ist nur durch seinen Bezug auf propositio-
>   nale Gehalte anderer Gedanken oder Sätze indi-
>   viduierbar und identifizierbar.
> (2) Das Netzwerk propositional gehaltvoller Gedan-
>   ken und Sätze hat nach (1) eine *holistische Struk-
>   tur* (zum Begriff des Holismus vgl. die Erläute-
>   rung 3.110).

Angenommen, Barbara äußert den Wunsch, Philosophie
studieren zu wollen; was könnte sie damit *meinen*, was ist
der genauere *Gehalt* ihres Wunsches? Das hängt z. B. davon ab, was sie unter Philosophie *genauer versteht*. Vielleicht will Barbara Ingenieurin werden und in einem großen Automobilunternehmen arbeiten (ein übergeordneter

Wunsch), und sie hat festgestellt, dass diese Unternehmen von ihren Top-Managern einen weiten Bildungshorizont erwarten, der in Weiterbildungskursen gefördert werden soll – die Themen dieser Kurse sind z. B. der wissenschaftliche Status der Ökonomie, ökologische Fragen, Bewusstsein und die Begründung ethischer Normen, und Barbara glaubt, dass diese Themen in der Wissenschaftstheorie, Naturphilosophie, Philosophie des Geistes und der Moralphilosophie gründlich behandelt werden. Und da sie letztlich als Ingenieurin den Posten einer Top-Managerin anstrebt, will sie Philosophie zumindest im Nebenfach intensiv studieren. Sie möchte im übrigen Top-Managerin werden, um viel Geld zu verdienen, aber auch um Einfluss auf die Weiterentwicklung von Wasserstoff-Motoren zu nehmen.

Aufgrund einer solchen umfassenderen Information (3.127–3.128) wissen wir genauer, worauf Barbaras Wunsch, Philosophie zu studieren, hinausläuft – was der genauere Gehalt ihres Wunsches ist, und wie dieser Wunsch eingebettet ist in weitere Überzeugungen und Ziele, die sie hat (auch diese Einbettung schärft den Gehalt ihres Wunsches weiter).

Im Zusammenhang mit Theorien des Gehaltes gibt es drei weitere Begriffe, die wir bereits kennen gelernt haben, die aber häufig miteinander verwechselt werden:

3.138 *Intentionalität, Intention, Intensionalität*

(1) Die Eigenschaft von Gedanken (mentalen Zuständen, 3.104), einen propositionalen Gehalt zu haben, heißt auch die *Intentionalität* dieser Gedanken oder Sätze.

(2) Die *Intention* ist ein gehaltvoller Gedanke mit einem spezifischen psychischen Modus (eine Absicht).

> (3) Die *Intensionalität* ist die Eigenschaft propositio-
> nal gehaltvoller Gedanken oder Sätze, einen in-
> tensionalen Kontext (vgl. 3.135 (2)) zu erzeugen.

Barbaras Wunsch, Philosophie zu studieren (Beispiel zu
3.137) ist eine *Intention* (eine Absicht). Diese Intention hat
Intentionalität oder ist *intentional* in dem Sinne, dass sie ei-
nen propositionalen Gehalt hat – den Gehalt, dass Barbara
Philosophie studieren will, und zwar im Nebenfach, mit
Schwerpunkten in Logik und Wissenschaftstheorie als
Vorbereitung auf eine Tätigkeit als Managerin, usw. Dieser
Wunsch erzeugt aber auch einen *intensionalen Kontext*:
Dort, wo sie Philosophie studieren will, wird vielleicht
Ontologie als ein bedeutsamer Bestandteil von Philosophie
angesehen. Philosophie ist dort so *definiert*, dass sie viel
Ontologie enthält. Wir können also synonym im Gehalt
ihres Wunsches »Philosophie mit einem großen Ontolo-
gie-Bestandteil« einsetzen. Aber wenn Barbara erstens
nicht weiß, dass Philosophie dort so aufgefasst wird, und
zweitens keinerlei Interesse an Ontologie hat und deshalb
Philosophie mit einem großen Ontologie-Anteil nicht studieren würde, folgt, dass sie unter dieser synonymen Erset-
zung Philosophie *nicht* mehr studieren würde und wollte:
Die Einsetzung erfolgt also *nicht* salva veritate (also nicht
unter Beibehaltung des Wahrheitswertes, 1.6), d. h. die
Einsetzung erzeugt in der Tat einen intensionalen Kontext.

Verstehen

Propositionale Gehalte sind die typischen Gegenstände
des *sprachlichen* Verstehens. Wir können also an unsere
bisherigen Überlegungen zum Feld der sprachlichen Repräsentationen und sprachlichen Zeichen einen allgemeinen *Begriff des sprachlichen Verstehens* anschließen.

3.139 *Sprachliches Verstehen: allgemeinster Begriff*

(1) Einen Gedanken oder Satz zu *verstehen* (zu *interpretieren*) heißt im Kern, den propositionalen Gehalt und den psychischen Modus des Gedankens oder Satzes zu erfassen.

(2) Das *(intentionalistische) Verstehen des propositionalen Gehaltes* p eines Gedankens oder Satzes einer Person S oder eines Textes T *ist um so besser*, je umfassender p auf konsistente Weise über normative Relationen auf andere propositionale Gehalte von Gedanken oder Sätze von S bzw. T bezogen werden kann.

(3) Je umfassender das Verstehen eines Gedankens oder Satzes X nach Maßgabe von (2) ist, als desto *vernünftiger* kann X *vom Standpunkt von P bzw. T aus* vom Interpreten angesehen werden.

(4) Das Verstehen propositionaler Gehalte von Gedanken, Überlegungen, Sätzen und Texten ist die *Methode der Geisteswissenschaften* und ist nach (1)–(3) eine *Form von Rationalisierung*.

(5) Die Methode der Geisteswissenschaften ist nach (4) grundverschieden von der Methode naturwissenschaftlicher Erklärungen (2.101 (4)). Darin besteht die Grundlage der *methodologischen Autonomie der Geisteswissenschaften*.

(6) Das Vokabular, in dem wir das Verstehen propositionaler Gehalte ausdrücken, heißt *intentionalistisches Vokabular*.

Im Beispiel zu 3.137 *verstehen* wir Barbara in ihrem Wunsch, Philosophie zu studieren, umso besser, je mehr Hintergründe zu ihren weiteren Wünschen und Überzeugungen wir kennen, die mit dem Studienwunsch zusammenhängen. Aber das heißt auch, dass wir ihren Studien-

wunsch zunehmend als *vernünftig* ansehen können – *nicht*
vernünftig in dem Sinn, dass wir es *für uns*, also im Lichte
unserer Überzeugungen und Wünsche als vernünftig betrachten, sondern vernünftig in dem Sinne, dass wir Barbaras Studienwunsch *im Lichte ihrer eigenen weiteren
Ziele und Überzeugungen* als rational und vernünftig ansehen können. Eine *rationale Rekonstruktion* oder ein *ra-
tionales Verstehen* ihres Studienwunsches erfordert also,
dass wir uns *so weit wie möglich auf Barbaras eigene Sicht
der Dinge einlassen müssen.*

Dasselbe gilt für das Verstehen (= die Interpretation)
von Texten. Auch das Textverständnis gelingt umso besser, je mehr es der Interpretin gelingt, sich ganz auf die
Sicht des Autors einzulassen und die propositionalen Gehalte der Sätze im Text als möglichst vernünftig *aus Sicht
des Autors* ansehen zu können. Die Geisteswissenschaften
betreiben das Verstehen propositionaler Gehalte vor allem
von Texten auf professionelle Weise. Sie versuchen daher
einen Aspekt am Geist zu erfassen, der für das Mentale
spezifisch ist, im Gegensatz zum Beispiel zur Neurobiologie des Gehirns, die ebenfalls einen wichtigen Aspekt des
Geistes untersucht (nämlich seine physische Grundlage),
ohne dass freilich dieser Aspekt für den Geist spezifisch
wäre. Die Geisteswissenschaften sind daher im *buchstäbli-
chen Sinne* Wissenschaften vom Geist.

9. Semantik natürlicher Sprachen

Die Idee einer Semantik natürlicher Sprachen

Natürliche Sprachen haben eine Reihe faszinierender Merkmale, die teils *syntaktischer*, teils *semantischer* und teils *pragmatischer* Natur sind. Das wichtigste Merkmal der Syntax (1.41 (1)) natürlicher (wie auch künstlicher) Sprachen ist ihre *Rekursivität*, d. h. die Möglichkeit, die syntaktischen Regeln immer wieder auf bereits syntaktisch korrekt gebildete Sprachteile anzuwenden. Auf diese Weise können mit endlichen syntaktischen Mitteln im Prinzip unendlich viele verschiedene Sätze gebildet werden. Wie wir im letzten Kapitel gesehen haben, ist in semantischer Hinsicht die Bedeutung sprachlicher Zeichen die entscheidende Grundlage der repräsentationalen Leistungen natürlicher Sprachen (3.132–3.139). Und schließlich werden sprachliche Zeichen (3.132) fast immer in bestimmten praktischen Kontexten verwendet – ihr psychischer Modus oder Sprechakt (3.133) ist beispielsweise eine solche Verwendungsweise – einer der pragmatischen Aspekte natürlicher Sprachen. Wie bereits bemerkt (nach 3.132), können natürliche Sprachen darüber hinaus gegenüber subsprachlichen Repräsentationen viel feiner differenzierte Gehalte ausbilden, und sie erleichtern oder ermöglichen Metarepräsentationen. Natürliche Sprachen sind daher die entscheidenden Mittel, mit denen die geistigen Zustände anderer sprachbegabter Wesen auf sehr genaue Weise erfasst werden können. Außerdem ermöglichen sie die schriftliche Darstellung, Tradierung und Kumulierung von Wissen.

Diese zusätzlichen Leistungen hängen alle mit den propositionalen Gehalten oder Bedeutungen sprachlicher Zeichen und Sätze zusammen. Eines der wichtigsten Gebiete (vielleicht sogar das wichtigste Gebiet) heutiger *Sprachphilosophie* ist daher eine *Semantik natürlicher Sprachen*.

Den Ausdruck *Semantik* verwenden wir von jetzt an in anderem Sinne als in der Logik, in der eine Semantik schlicht eine Bedeutungsangabe für bestimmte Arten von Ausdrücken ist, z. B. die Semantik logischer Junktoren (1.32). Von jetzt an verstehen wir unter einer *Semantik* eine volle *Theorie der Bedeutung sprachlicher Zeichen*. Diese Theorie setzt vor allem eine Unterscheidung zwischen Referenz und Bedeutung voraus, die wir bereits im ersten Kapitel erwähnt hatten (1.10). Allerdings ist alles andere als klar, was überhaupt Bedeutungen sind. Wir werden uns im folgenden Kapitel mit den wichtigsten semantischen Theorien beschäftigen, die ein wenig mehr Licht in dieses Dunkel zu bringen versuchen. Die klassische Semantik, die in der ersten Hälfte des 20. Jahrhunderts entwickelt wurde, hat sich an der Idee künstlicher formaler Sprachen orientiert, wie sie zum Beispiel in der formalen Logik aufgebaut werden. Neuere semantische Theorien knüpfen dagegen an das Konzept einer externalistischen Theorie der Gehalte und Bedeutungen an, wie wir sie in Gestalt der Teleosemantik für den subsprachlichen Bereich bereits im vorangegangenen Kapitel kennen gelernt haben.

Klassische Semantik

Die *klassische Semantik* wurde im Rahmen der *Erneuerung des Empirismus* (4.187) zu Beginn des 20. Jahrhunderts in Form des *logischen Empirismus* auf folgenreiche und höchst einflussreiche Weise formuliert. Die entscheidende Grundlage ist die Unterscheidung zwischen analytischen und synthetischen Sätzen (1.20). Diese Unterscheidung diente den logischen Empiristen dazu, ein *Sinnkriterium* für Sätze zu formulieren, also ein Kriterium dafür, dass ein Satz überhaupt sinnvoll ist, d. h. eine Bedeutung hat:

3.140 *Kernthesen der klassischen Semantik (im logischen Empirismus, 4.194)*

(1) Alle *sinnvollen (bedeutungsvollen) Aussagen* sind entweder analytisch oder synthetisch *(Sinnkriterium)*.

(2) Es gibt eine klare *Unterscheidung zwischen Fakten und Bedeutungen,* und daher auch eine klare Unterscheidung zwischen Physik und Semantik.

(3) Die Angabe der Bedeutung eines Satzes besteht in der Angabe seiner *Wahrheitsbedingungen (Erfüllungsbedingungen),* also jener Bedingungen, unter denen er wahr bzw. falsch ist.

Sinnvolle Aussagen können nach 3.140 falsch sein, aber viele traditionelle philosophische Behauptungen, Wertungen und normative Sätze, ästhetische Urteile, religiöse Programme und politische Urteile sind dieser These zufolge sinnlos (bedeutungslos), weil es keine spezifizierbaren und entscheidbaren Wahrheitsbedingungen gibt, unter denen sie wahr oder falsch sind.

Die klassische Semantik, die man wegen 3.140 (3) auch *wahrheitskonditionale Semantik* nennt, orientierte sich von ihrem Aufbau her an der Vorstellung, dass eine Sprache dadurch charakterisiert werden kann und im idealen Fall auch charakterisiert werden sollte, dass ihre Syntax und Semantik (1.41) getrennt voneinander angegeben werden. Infolgedessen wird die Theorie natürlicher Sprachen an Theorien künstlicher Sprachen orientiert, wie sie meist in der formalen Logik üblich sind:

3.141 Die Form von Sprachtheorien in der klassischen Semantik

(1) Die *Form* einer Theorie einer natürlichen Sprache S ist die Angabe der Syntax und Semantik, also eines semantischen Modells (4.209) der Syntax (im Sinne von 1.41).

(2) Eine Theorie der natürlichen Sprache sollte daher so aufgebaut werden wie die Theorien künstlicher Sprachen.

In den bisher aufgeführten Erläuterungen zur klassischen Semantik (1.20, 1.41, 3.140, 3.141) werden der *Bedeutungsbegriff* und der *Wahrheitsbegriff* allerdings als *undefinierte Grundbegriffe* benutzt, obgleich gerade diese Begriffe auf zentrale semantische Relationen zu verweisen scheinen – *semantische Relationen* in dem Sinne, dass es um Relationen zwischen Sprache und Welt geht. Führende Vertreter der klassischen Semantik haben dieses Problem durchaus gesehen und Abhilfe zu schaffen versucht. Einer der interessantesten Vorschläge stammt von Carnap:

3.142 Carnap-Semantik

(1) Die *Welt* ist eine Ansammlung von singulären Tatsachen und daher durch eine Zustandsbeschreibung charakterisierbar. *Eine (zutreffende) Zustandsbeschreibung* der Welt in einer bestimmten Sprache ist schlicht die Konjunktion aller atomaren Sätze (1.5) dieser Sprache, die die singulären Tatsachen der Welt erschöpfend und konsistent beschreiben (inklusive der negativen Sätze, die sagen, was in der Welt nicht der Fall ist).

(2) Ein *Satz* ist *wahr* (für unsere Welt), wenn er in der zutreffenden Zustandsbeschreibung vorkommt.

(3) Eine *veränderte Zustandsbeschreibung* beschreibt eine Ansammlung von Zuständen, in denen sich eine andere als unsere aktuale Welt befinden *könnte*. Eine solche Welt heißt *mögliche Welt*.

(4) Ein *Satz* heißt *L-wahr,* wenn er in der zutreffenden Zustandsbeschreibung und in jeder veränderten Zustandsbeschreibung wahr ist (d. h. wenn er in allen möglichen Welten wahr ist). Ein Satz heißt *logisch* bzw. *analytisch wahr* genau dann, wenn er L-wahr ist (1.21).

(5) Zwei Sätze »p« und »q« sind *L-äquivalent*, wenn ihre materiale Äquivalenz »p ≡ q« L-wahr ist.

(6) Zwei Sätze haben *dieselbe Intension* (d. h. sie drücken *dieselbe Proposition* aus, *haben denselben Informationswert*, 3.127–3.128), wenn sie L-äquivalent sind (d. h. wenn sie in allen möglichen Welten dieselbe Extension haben) (1.10).

(7) Nach (6) sind synthetische Sätze *synonym* (= *bedeutungsgleich*), falls aus ihnen dieselbe Menge von empirischen Sätzen logisch hergeleitet werden kann.

Weil Äquivalenz, L-Äquivalenz und Identität von Intensionen Äquivalenzrelationen sind, ist mit 3.142 (6) der Intensionsbegriff für Sätze, d. h. der Propositionsbegriff, eingeführt (zum Begriff der Äquivalenzrelation vgl. Übungsaufgabe 3(b)). Von hier aus kann man zu Prädikatoren übergehen, indem man die Prädikatoren als offene Sätze auffasst und analog für sie eine L-Äquivalenz und Intensionsidentität definiert. Damit ist der Bedeutungsbegriff im Rahmen der klassischen Semantik auf präzisere

Weise eingeführt (Frege, einer der wichtigsten klassischen
Bedeutungstheoretiker, nennt *Bedeutung,* was heute Bezug oder Referenz heißt, und er nennt *Sinn,* was heute Bedeutung heißt, 1.10).

Eine Weiterentwicklung von 3.142 ist die Semantik von
Montague:

3.143   *Montague-Semantik*

(1) Wenn zwei Ausdrücke intensionsgleich sind, falls
sie in allen möglichen Welten extensionsgleich
sind (3.142), dann ordnet die Intension eines
Ausdrucks A (1.10) jeder möglichen Welt die Extension von A zu, d. h. die Intension von A legt
für jede mögliche Welt die Klasse derjenigen In-
dividuen fest, die in dieser möglichen Welt unter
A fallen (d. h. auf die A in dieser möglichen Welt
zutrifft).

(2) Intensionen sind nach (1) darstellbar als mathematische Funktionen (2.96) mit dem Definitionsbe-
reich der Menge aller möglichen Welten und dem
Wertebereich der Menge aller Teilmengen von In-
dividuen (= Extensionen) in möglichen Welten.

In 3.143 wird eine *intensionale Semantik* umrissen. Denn
für diese Semantik gilt ein Intensionalitätsprinzip (3.138):

3.144   *Intensionalitätsprinzip der Montague-
Semantik*

(1) Die Festlegung der Intensionen oder Bedeutungen von Elementen natürlicher Sprachen geht der
Bestimmung ihrer Extensionen (= Referenz)
(1.10) voran.

(2) Die Extension eines Ausdrucks A ist die Intension von A für *unsere Welt* – die Extension ist der Wert der Intensionsfunktion an der Stelle *unserer* Welt.

(3) Wir müssen zuerst wissen, was ein Ausdruck bedeutet, bevor wir wissen können, worauf er sich in der Welt bezieht: Die Kenntnis der Intension eines deskriptiven Ausdrucks geht der Kenntnis seiner Extension voran.

Das Intensionalitätsprinzip bringt eine der wichtigsten Konsequenzen der klassischen Semantik auf den Punkt: Die *Priorität der Bedeutung vor der Referenz* (1.10). Zunächst müssen wir wissen, was sprachliche Ausdrücke bedeuten, erst dann können wir sie auf die externen Gegenstände beziehen. Wenn wir nicht wissen, was »Ulme« bedeutet, könnten wir diesen Ausdruck wohl kaum auf Ulmen beziehen.

Die klassische Semantik enthält eine Reihe weiterer wichtiger Grundsätze, die für die weitere Entwicklung der modernen Semantik prägend werden sollten. Dazu gehören

(a) der *Anti-Psychologismus*, der bestreitet, dass Bedeutungen von Ausdrücken aus Vorstellungen, also psychischen oder geistigen Zuständen bestehen, die dem Individuum, das sie hat, eigen und daher grundsätzlich *etwas Privates* sind,

(b) die These von der *Öffentlichkeit der Bedeutungen* sprachlicher Zeichen, u. a. mit dem Hinweis, dass viele Personen einem Ausdruck dieselbe Bedeutung zuordnen und sich erst auf dieser Grundlage verständigen können,

(c) die These vom *abstrakten Status der Bedeutungen*: *Bedeutungen* sind *abstrakte Gegenstände* (2.43 (b) also theoretische (= unbeobachtbare, in ihrer Be-

deutung theorieabhängige) Entitäten, die von der
Semantik auf ähnliche Weise postuliert werden wie
z. B. Quarks oder Strings als theoretische Entitäten
von der Physik, und

(d) der *Internalismus* der Semantik: das *Erfassen oder
Verstehen von Bedeutungen* (3.139) ist ein bestimmter psychischer Zustand, der lediglich die
Existenz desjenigen Individuums voraussetzt, das
diesen Zustand hat.

Mit der klassischen Semantik ist ein *Wahrheitsbegriff* verbunden, der vor allem in der *Tarski-Theorie der Wahrheit*
genauer entwickelt wurde. In dieser Theorie sollte es um
eine *Definition* der Wahrheit und nicht um Kriterien der
Wahrheit gehen – darum, *was* wir unter Wahrheit verstehen, nicht darum, *wie* wir über den Wahrheitswert (1.6)
einer Aussage *entscheiden*. Und die Wahrheitsdefinition
dieser Wahrheitstheorie sollte zwei Bedingungen erfüllen:
Sie muss Widerspruchsfreiheit gewährleisten, d. h. sie
muss die bekannten semantischen Antinomien vermeiden.
Und sie muss im Einklang mit unserem alltäglichen Verständnis von Wahrheit stehen, das sich beschreiben lässt
durch die Formel »(Der Satz) s ist wahr gdw p«, beispielsweise: »(Der Satz) ›snow is white‹ ist wahr gdw Schnee
weiß ist« (»gdw« ist eine Abkürzung für »genau dann,
wenn«). Dabei ist »s« ein Name eines Satzes (im einfachs-
ten Fall: »p« = s), mit dem wir den Satz zitieren oder über
ihn sprechen können (zum Gebrauch und Zitieren von
sprachlichen Ausdrücken vgl. nach 1.1).

Die erste dieser Bedingungen legt die Tarski-Theorie
der Wahrheit offenbar auf einen nicht-verifikationisti-
schen Wahrheitsbegriff fest. Die zweite Bedingung bezieht sich auf die bekannte Lügner-Antinomie (2.53). Diese Antinomie ist keineswegs eine logische Spielerei; sie
verweist vielmehr auf ein grundlegendes Problem des
Wahrheitsbegriffes:

3.145 *Problem des Wahrheitsbegriffes*

Sei L eine Sprache; wenn
(a) in L die üblichen logischen Gesetze gelten,
(b) L neben ihren gewöhnlichen Ausdrücken auch Namen dieser Ausdrücke und semantische Ausdrücke wie »wahr« und »falsch« enthält, die in L auf Sätze von L angewandt werden,

dann entsteht die Lügner-Antinomie.

Dieses Problem lässt sich vermeiden, wenn man die Sprache L in zwei verschiedene Sprachstufen aufspaltet:

3.146 *Bereinigung des Wahrheitsproblems*

(1) Im Kontext einer Wahrheitstheorie sind zwei Sprachen zu unterscheiden: Eine *Objektsprache* L, *über* die gesprochen wird und *für* die eine Wahrheitsdefinition gegeben werden soll, und eine *Metasprache* L*, *in* der gesprochen wird und in der auch die Wahrheitsdefinition gegeben werden soll (1.6 (2)).
(2) Die Ausdrücke »wahr« und »falsch« gehören stets einer Metasprache an, in der über eine Objektsprache gesprochen wird.
(3) Durch diese Maßnahme wird die Lügner-Antinomie geblockt. Denn die Prämisse der Antinomie erhält dann die harmlose Form »S*« ≡ »S« ist falsch in L«, wobei »S*« ein Satz der Metasprache, »S« ein Satz der Objektsprache L ist und folglich beide *nicht* als identisch behandelt werden dürfen (denn der Ausdruck »falsch« gehört L nicht an).

Die Konsequenz aus 3.146 ist allerdings, dass die Wahrheitsdefinition auf eine bestimmte Sprache beschränkt werden muss (d. h. wir reden von der *Wahrheit-in-L*, wobei L eine bestimmte Sprache ist) und dass semantische Ausdrücke wie »wahr« und »falsch« stets einer Metasprache relativ zu einer Objektsprache angehören. Aus 3.146 lässt sich aber andererseits ein brauchbares Adäquatheitskriterium für den Wahrheitsbegriff gewinnen:

3.147 *Adäquatheitskriterium für den Wahrheitsbegriff*

(1) Die Formeln »s ist wahr genau dann, wenn p« bzw. »»p‹ ist wahr genau dann, wenn p« sind nicht Angaben darüber, was einen Satz der Objektsprache wahr macht, sondern *Zitate* von Sätzen der Objektsprache auf der linken Seite der Formel und ein *Gebrauch* von Sätzen in der Metasprache (diese Formeln heißen *T-Äquivalenzen* oder *T-Theoreme* (3.159), mit T als Abkürzung für »truth«).
(2) Nach (1) lassen sich die genannten Formeln auch als *Übersetzungen* von Sätzen der Objektsprache in Sätze der Metasprache lesen (dabei können Meta- und Objektsprache sowohl identisch als auch verschieden sein).

Ein T-Theorem ist also für Tarski nicht bereits selbst eine Wahrheitsdefinition, sondern ein Adäquatheitskriterium für jede Wahrheitsdefinition: Der Ausdruck »wahr-in-L« wird nur dann angemessen gebraucht, wenn für alle Sätze der Objektsprache L T-Äquivalenzen behauptet werden können. Und eine Definition des Wahrheitsbegriffes für L in der Metasprache L* ist nur dann angemessen, wenn (selbstverständlich in L*) alle T-Äquivalenzen aus der Wahrheitsdefinition logisch folgen.

Die *Wahrheitsdefinition selbst,* die Tarski vorschlägt, hat also nicht die Form einer T-Äquivalenz – aber sie greift auf T-Äquivalenzen zurück. Im Kern ist Tarskis Idee, zu sagen:

3.148 *Definition der Tarski-Wahrheit für Sprachen mit endlich vielen Sätzen*

Enthielte die Objektsprache L, für die wir Wahrheit definieren wollen, nur endlich viele singuläre Sätze $S_1, ..., S_n$, dann hätte eine *adäquate Wahrheitsdefinition nach Tarski* die Form:

X ist wahr gdw (a) für X = »S_1« gilt: X ist wahr gdw S_1, (b) für X = »S_2« gilt : X ist wahr gdw S_2, ... und (n) für X = »S_n« gilt : X ist wahr gdw S_n.

Natürliche Sprachen erfüllen freilich die Definition 3.148 insofern nicht, als es schon aufgrund der wahrheitsfunktionellen Verknüpfungen *unendlich* viele singuläre Sätze gibt und dass auch die Quantifikation über unendlich viele Variablen (1.25) läuft oder laufen kann. Die Lösung dieses Unendlichkeitsproblems ist die zentrale technische Herausforderung für eine Verbesserung von 3.148 und damit für eine angemessene Definition der Tarski-Wahrheit. Der entscheidende Schachzug besteht darin, mit dem Problem der offenen Sätze zu beginnen und an dieser Stelle nicht mit dem Wahrheitsbegriff, sondern mit dem *Begriff der Erfüllung* zu arbeiten. Offene Sätze werden durch Gegenstände oder geordnete n-Tupel von Gegenständen erfüllt. Der offene Satz »x ist Hauptstadt von y« wird z. B. durch die geordneten Gegenstandspaare (Paris, Frankreich) und (London, England) erfüllt, nicht aber durch das geordnete Gegenstandspaar (Frankfurt a. M., Deutschland). Wir können also die Formeln

(T1) Der Satz »Schnee ist weiß« ist wahr gdw der Schnee weiß ist,

und

(T2) Das Gegenstandspaar (Paris, Frankreich) erfüllt den offenen Satz »x ist Hauptstadt von y« gdw Paris Hauptstadt von Frankreich ist.

analog behandeln. Allerdings steckt in T2 dieselbe Idee wie in T1, nicht eine Erläuterung von T1. Es ist nicht so, dass wir T1 aufgrund von T2 besser verstehen. Wichtig ist auch, dass diese Wahrheits- und Erfüllungsdefinition voraussetzt, dass die Symbole des Vokabulars der Objektsprache bereits eine Bedeutung haben. Daraus folgt:

3.149 *Grundlegende Annahmen der Tarski-Theorie der Wahrheit*

(1) Die Theorie setzt voraus, dass alle Sprachen auf Gegenstände in der Welt referieren.
(2) Die Theorie verleiht den Bedeutungen theoretische Priorität gegenüber der Wahrheit.
(3) Auch die Metasprache referiert nach Voraussetzung (1) auf Gegenstände in der Welt.

Die Varianten der klassischen Semantik, die wir kurz skizziert haben (die Semantik des logischen Empirismus (4.194), die Carnap-Semantik, die Montague-Semantik und Tarskis Wahrheitstheorie) versuchen die Unterscheidung von Bedeutung und Referenz (1.10) genauer zu umschreiben. Letztlich machen sie aber alle die Referenz von gegebenen sprachlichen Bedeutungen abhängig und betrachten die Referenz der natürlichen Sprachen auf die Welt als ein theoretisch grundlegendes Faktum, von dem eine Semantik ausgehen muss. Die klassische Semantik erklärt daher nicht genauer, was Bedeutungen eigentlich sind, welchen ontologischen Status sie haben und auf welche Weise sie die Referenz natürlicher Sprachen auf die Welt ermöglichen. Die neueren Semantiken versuchen diesen Fragen nachzugehen.

Neuere Semantiken

Die neueren semantischen Theorien lassen sich in zwei große Klassen einteilen: *Internalistische* Theorien, die davon ausgehen, dass die Welt der Symbole – der Gehalte und Bedeutungen – ganz und gar in unseren Köpfen erzeugt werden, und *externalistische* Theorien, die geltend machen, dass die Welt der Symbole auf unseren Interaktionen mit der externen Welt beruht:

3.150 *Internalistische und externalistische Theorien sprachlicher Repräsentation*

(1) *Internalistische Theorien sprachlicher Repräsentation* (3.132) bestimmen propositionale Gehalte und Bedeutungen allein durch Verweis auf innere Vorgänge und Zustände in den Trägern sprachlicher Repräsentationen und Produzenten sprachlicher Zeichen.

(2) *Externalistische Theorien sprachlicher Repräsentation* bestimmen propositionale Gehalte und Bedeutungen unter anderem durch Verweis auf die Geschichte der Wechselwirkungen zwischen sprachmächtigen Wesen und externen Ereignissen.

Die traditionelle internalistische Theorie sprachlicher Repräsentation ist die *Bildtheorie*: Diejenigen Gehalte oder Bedeutungen von Gedanken, Sätzen und Worten sind *in-*

nere Bilder oder *Stereotypen*, die *introspektiv zugänglich* und den abgebildeten Gegenständen *bildlich ähnlich* sind. Die wichtigsten neueren Varianten sind

(a) die *Psychosemantik* (3.114), die unter anderem eine innere mentale *Sprache des Denkens* (das *Mentalesische*) als Grundlage sprachlicher Repräsentationen postuliert, sowie

(b) die *Semantik begrifflicher Rollen*: Der Gehalt oder die Bedeutung eines Ausdrucks A besteht in den semantischen Verbindungen, die die Meinungen sprachmächtiger Wesen über A zu anderen Meinungen dieser Wesen aufweisen, und damit in der *begrifflichen Rolle,* die A im Rahmen von Meinungen sprachmächtiger Wesen spielt.

Es gibt jedoch eine Version der Semantik begrifflicher Rollen, die nicht offensichtlich internalistisch ist:

(b*) die *Gebrauchstheorie der Sprache*: Der Gehalt oder die Bedeutung eines Ausdrucks A besteht in seinem *Gebrauch* und in diesem Sinn in der *begrifflichen Rolle,* die A im Rahmen einer natürlichen Sprache spielt (vgl. die Wittgenstein-Theorie 3.152–3.156).

Die Theorie subsprachlicher Repräsentation, die wir zu Beginn dieses Kapitels skizziert haben (3.129–3.131), ist ein Beispiel einer externalistischen Theorie. Wichtige Varianten externalistischer Theorien *sprachlicher (propositionaler)* Gehalte und Bedeutungen sind

(c) die Theorie der kausalen Referenz (3.157);

(d) der Interpretationismus (3.158–3.164).

Die Theorien (a), (b*), (c) und (d) sollen genauer untersucht werden.

Die besonderen Merkmale propositionaler Gehalte (3.135–3.137) scheinen darauf hinzudeuten, dass es einen

Parallelismus gibt zwischen den *kausalen* Relationen einerseits, die zwischen mentalen Zuständen (3.104) als physikalisch beschreibbaren Zuständen bestehen, und den *rationalen* Relationen andererseits, die zwischen mentalen Zuständen *als* semantisch gehaltvollen Zuständen bestehen. Wie bereits bemerkt, betrachtet eine der einflussreichsten neueren Semantiken, die *Psychosemantik,* die Erklärung dieses Parallelismus als eine ihrer zentralen Aufgaben. Die entscheidende Idee dieser Erklärung ist der Psychosemantik zufolge, dass die *Syntax* (1.41) eine wesentliche *Eigenschaft* von Symbolen ist und zur *kausalen* Wirkung der Symbole wesentlich beitragen kann (vgl. genauer oben S. 35 und 3.114). Die syntaktischen Symbole sind physische Entitäten, die zu den Bestandteilen einer Maschine gehören und einen propositionalen Gehalt haben: Sie sind mentale Repräsentationen (3.128) der Maschine. Und die Tatsache, dass diese Maschine in einer computationalen Relation zu einer mentalen Repräsentation steht, heißt im Wesentlichen, dass sich ein Vorkommnis (token) der mentalen Repräsentation in ihr befindet, das einer unbewussten Rechenoperation zugänglich ist. Im Übrigen behandelt diese Theorie mentale Repräsentationen wie Sätze von natürlichen Sprachen: Repräsentationen haben Teile, die selbst eine Bedeutung haben, ihre Bedeutung hängt von der Bedeutung ihrer Teile ab, und diese Teile können in verschiedenen komplexen mentalen Repräsentationen auftreten.

Auf diese Weise ist der Mechanismus des Parallelismus von Kausalität (2.74 (2), 2.75–2.77) und Rationalität, also von Physischem und Mentalem, modelliert. Der semantische Gehalt der Symbole, der im Falle echter Computer durch sprachfähige Programmierer eingeführt wird, muss dabei im Falle von Gehirn und Geist als *existent* in Geist und Kopf postuliert werden: In unserem Gehirn *gibt es eine innere Sprache des Denkens (language of thought).* Auf der Grundlage dieser Überlegungen lässt sich eine Repräsentationstheorie der Sprache skizzieren:

3.151 *Repräsentationstheorie der Sprache*

(1) Zu jedem Organismus O und jeder psychischen
Einstellung A mit dem Gehalt p gibt es eine
(computationale) Relation R und eine mentale
Repräsentation (ein Symbol) MP, so dass gilt: O
hat A genau dann, wenn O in der Relation R zu
MP steht und MP die Bedeutung p hat *(Repräsentationalismus)*.

(2) Mentale Repräsentationen haben Strukturen und
Teile, die in verschiedenen anderen Repräsentationen auftreten können; und die Bedeutung
komplexer mentaler Repräsentationen folgt nach
Regeln aus der Bedeutung ihrer Teile *(innere
Sprache des Denkens* mit *Kompositionalität)*.

(3) Mentale Prozesse sind kausale Folgen von Instanziierungen (tokens) mentaler Repräsentationen. Diese kausalen Prozesse beruhen auf syntaktischen Transformationen, die für die Struktur
der syntaktischen Symbole sensitiv sind *(computationaler Charakter mentaler Prozesse)*.

Das Prinzip der Kompositionalität in (2) wird in der modernen Sprachphilosophie weithin anerkannt, zum Beispiel auch von externalistischen Bedeutungstheorien.

Wittgenstein-Theorie

Die einflussreichste Semantik begrifflicher Rollen ist eine
Gebrauchstheorie der Sprache, die ebenfalls eine Antwort
auf die Eigenart und den Status von sprachlichen Bedeutungen zu geben versucht *(Wittgenstein-Theorie)*. Sie geht
von der zentralen Idee aus, dass die Bedeutungen sprachlicher Zeichen aus dem *Gebrauch (= Verwendung)* dieser

Zeichen hervorgehen. Es handelt sich hier also um eine *instrumentalistische* Beschreibung sprachlicher Bedeutungen.

3.152 *Zentrale Idee der Wittgenstein-Theorie*

(1) Sprachliche Zeichen (3.132) sind wie Werkzeuge, die man zu bestimmten Zwecken verwendet, oder wie Symbole, mit denen man auf bestimmte Weise operiert oder rechnet.

(2) These (1) gilt auch für nicht-sprachliche Zeichen (3.129).

(3) Die Bedeutung eines Zeichens zu erklären heißt, seinen Gebrauch zu erklären.

(4) Sprachliche Ausdrücke (= sprachliche Zeichen) werden gewöhnlich nicht einheitlich verwendet; es gibt nur selten eindeutige notwendige und hinreichende Kriterien für ihren Gebrauch; vielmehr gibt es normalerweise für jeden sprachlichen Ausdruck eine ganze Palette unterschiedlicher Verwendungen in den verschiedenen sozialen Kontexten. Diese verschiedenen Verwendungen weisen meist höchstens eine *Familienähnlichkeit* auf.

Die in 3.152 skizzierte Konzeption gilt speziell auch für den Ausdruck »Bedeutung«. Es macht daher wenig Sinn zu fragen, was Bedeutungen sind. 3.152 ist daher keine Antwort auf diese generelle Frage, sondern weist nur darauf hin, dass die *Bedeutung* von sprachlichen Ausdrücken in einer Reihe von wichtigen Fällen mit ihrem *Gebrauch* in unterschiedlichen Kontexten identifiziert werden kann.

Wir sollten beispielsweise nicht fragen, was Spiele sind – was genau alle und nur die Spiele auszeichnet (um auf diese Weise die einheitliche Bedeutung des Ausdrucks

»Spiel« zu ermitteln) – sondern wir sollten untersuchen, in welchen Kontexten und in welcher Weise wir von Spielen reden. Vermutlich werden je zwei verschiedene Spiele gewisse Gemeinsamkeiten aufweisen – einige Paare mehr, andere weniger. Die Spiele insgesamt werden wie Mitglieder einer Familie eine Reihe unterschiedlicher, sich teilweise überlappender Ähnlichkeiten aufweisen, aber nicht eine Reihe genau anzugebender gemeinsamer notwendiger und hinreichender Merkmale. Die Verwendungen des Ausdrucks »Spiel« werden also eine *Familienähnlichkeit* aufweisen. Es sollte uns interessieren, diese Familienähnlichkeit durch eine *umfassende* Untersuchung des Sprachgebrauchs nachzuzeichnen.

Wenn etwa mein Freund zu mir sagt »Morgen besuche ich dich«, dann mag zum Verständnis dieses Satzes unter anderem folgender Kontext gehören: Ich muss unbedingt in den nächsten Tagen einige mathematische Probleme lösen, schaffe dies aber nicht allein und habe daher meinen Freund, von dem ich weiß, dass er ein guter Mathematiker ist, um Hilfe gebeten; er hat mir zwar erzählt, dass er wenig Zeit hat, mir dann aber doch versprochen, mich morgen zu besuchen. Ich verstehe dieses Versprechen als Ausdruck echter Freundschaft, und obgleich ich mich eigentlich morgen mit meiner Freundin verabredet habe, nehme ich mir vor, diesen Termin abzusagen und das Angebot meines Freundes anzunehmen.

Diese Geschichte könnten wir mühelos weiterspinnen, z. B. hinsichtlich meines Verhältnisses zu meinem Freund, in dessen Licht sein Versprechen ein besonderes Gewicht erhält, oder durch die Schilderung der Art der mathematischen Probleme und des Zweckes ihrer Lösung sowie der institutionellen oder wissenschaftlichen Zwänge, die die Lösung erforderlich machen. Kurz, ein schlichter Satz wie »Morgen besuche ich Dich« wird erst dann voll verständlich, wenn wir unter anderem wissen, was die beteiligten Gesprächspartner vorher gesagt und getan haben und nachher sagen und tun werden, welche Erwartungen sie mit der Äußerung verknüpfen, und welche persönlichen und gesellschaftlichen Beziehungen der Äußerung zugrunde liegen. Die Wittgenstein-Theorie nennt eine solche lange, ausufernde und offenbar prinzipiell unabgeschlossene Geschichte, die man zum reicheren Verständnis einer sprachlichen Äußerung erzählen kann, ein *Sprachspiel*. Erst das Sprachspiel erschließt die reichhaltige Bedeutung, den situationsspezifischen Gebrauch eines sprachlichen Zeichens, und da es, wie unser kleines Beispiel andeutungsweise sichtbar gemacht hat, stets tief in persönliche und institutionelle Strukturen (5.276–5.277) hineinreicht, wird vielleicht verständlich, dass Sprachspiele, und damit das Sprechen überhaupt, als Teile einer Lebensform angesehen werden können.

3.153 *Sprachspiele und Tiefengrammatik in der Wittgenstein-Theorie*

(1) Der Gebrauch sprachlicher Zeichen ist *öffentlich* und kann *korrekt* oder *inkorrekt* sein. In vielen Fällen ist die Bedeutung sprachlicher Ausdrücke ihr *korrekter Gebrauch in einer Sprachgemeinschaft*, d. h. ein Gebrauch, der *Regeln* folgt, die in der Sprachgemeinschaft anerkannt sind.

(2) Die Regeln, denen der Sprachgebrauch in einer Sprachgemeinschaft folgt, sind nicht nur die grammatischen Regeln, sondern auch *tiefengrammatische Regeln*, d. h. Mengen von Erwartungen, Bedingungen und Reaktionen, die die Sprachgemeinschaft gewöhnlich mit der Äußerung eines Ausdrucks oder Satzes in einer bestimmten Situation verbindet.

(3) Die Menge aller Regeln einer Sprachgemeinschaft einschließlich der tiefengrammatischen Regeln

> heißt auch *Sprachspiele*. Sprachspiele sind stets eingebunden in zum Teil weitreichende soziale Strukturen und Mechanismen: Sprachspiele sind *Teile von Lebensformen*.

Nach 3.153 gehen tiefengrammatische Regeln und Sprachspiele nicht nur über grammatische Regeln, sondern auch über Sprechakte und die psychischen Modi von sprachlichen Ausdrücken hinaus. Aus 3.153 lassen sich einige zentrale Annahmen über natürliche Sprachen und Sprachgebrauch herauslesen:

3.154 *Grundannahmen der Wittgenstein-Theorie*

(1) Natürliche Sprachen sind Mengen linguistischer Regeln oder Konventionen (5.248). Eine natürliche Sprache zu sprechen heißt daher, in der Lage zu sein, linguistischen Regeln zu folgen.

(2) Niemand kann einer Regel privat folgen, weil einzelne Personen nicht unterscheiden können zwischen den beiden Fällen, dass sie tatsächlich in ähnlichen Fällen derselben Regel folgen, und dass sie nur glauben, dies zu tun.

(3) Eine bestimmte Person P_1 darf nur behaupten, dass eine Person P_2 eine bestimmte Regel beherrscht und daher in einem bestimmten Einzelfall der Regel gemäß etwas Bestimmtes tun sollte (wobei $P_1 = P_2$ zugelassen ist), wenn diese Behauptung mit dem Urteil der meisten Mitglieder der Gemeinschaft übereinstimmt, der P_1 und P_2 angehören. Diese Übereinstimmung ist ihrerseits Teil der Lebensform dieser Gemeinschaft und damit ein theoretisch primitives (= für die Theorie vorauszusetzendes) Faktum.

Mit (3) in 3.154 ist die Öffentlichkeit des Befolgens sprachlicher Regeln genauer bestimmt. Es stellt sich allerdings die Frage, welchen Status die Sprachregeln haben, und was es heißt, einer Regel zu folgen. Hier zeichnet sich eine Reihe schwieriger Probleme ab; eines der wichtigsten dieser Probleme hat mit der fortgesetzten Anwendung von Regeln zu tun:

3.155 *Das Problem der Regelanwendung*

Regeln legen ihre Anwendungen in bestimmten Fällen von Handlungen (5.230) oder Verhalten nicht eindeutig fest. Eine gegebene Handlungsweise oder Prozedur kann niemals eindeutig als Anwendung einer bestimmten Regel R interpretiert werden. Bei jeder weiteren Handlung bleibt unsicher, ob sie mit der bisherigen Handlungsweise konform ist oder nicht, da prinzipiell jede Handlung als Fortsetzung der Regel gedeutet werden kann.

Man kann dieses Problem anhand einer stipulativen (= neu definierten) Differenz von Addition und Quaddition (oder von Plus und Quus als Operationen) erläutern: Sei a eine feste, sehr große Zahl, mit der wir in Additionen noch nicht operiert haben (d. h. wir haben die Addition noch nicht auf Zahlen größer als a angewendet); dann sei die Quaddition (+) definiert durch

$x (+) y = x + y$ für $x, y \leq a$
$x (+) y = 5$ für $x, y > a$.

Wir können nicht »privat« entscheiden oder wissen, ob wir im Zuge bisheriger Additionen der Regel der Addition oder der Regel der Quaddition folgen, und ob wir in künftigen Fällen im Falle von Zahlen größer als a der Additions- oder Quadditionsregel folgen sollen. Jedes Verhalten kann im Prinzip derart als regelgeleitet interpretiert werden, dass seine Fortsetzung unter unendlich vielen verschiedenen Regeln möglich ist.

Es gibt aber noch ein weiteres gewichtiges Problem mit dieser Theorie, das eher von theoriestrategischer Natur ist. Dieses Problem lässt sich leichter erkennen, wenn man sich noch einmal das Bild von natürlichen Sprachen vor Augen hält, das die Wittgenstein-Theorie entwirft:

3.156 *Sprachbild der Wittgenstein-Theorie*

(a) Bedeutungen linguistischer Ausdrücke werden nicht durch Zuordnung semantischer Modelle (4.209) gestiftet, sondern werden im Gebrauch der Ausdrücke manifest.

(b) Der Gebrauch sprachlicher Ausdrücke ist nicht eindeutig, sondern kontextabhängig; er bildet sich nicht im Rahmen von Privatsprachen, sondern in Form öffentlich geltender Sprachregeln, die mit ganzen Lebensformen verbunden sind und die Korrektheit des Sprachgebrauchs bestimmen.

(c) Sprache allgemein ist eine Menge linguistischer Regeln.

Eine naheliegende und verbreitete Intuition ist, dass das Regelfolgen eine zumindest rudimentäre Kenntnis der Regel voraussetzt – und damit ein zumindest rudimentäres Erfassen des propositionalen Gehaltes der befolgten Regel. Andernfalls, so scheint es, wäre die Regel nicht kognitiv implementiert (= verankert) und könnte unser Verhalten nicht leiten. Eine *Theorie*, die auf angemessene Weise beschreiben soll, was es heißt, einer Regel zu folgen, müsste dieser Intuition zufolge also einen Bezug auf propositionale Gehalte bereits in Anspruch nehmen. Genau das ist im Rahmen des Sprachbildes der Wittgenstein-Theorie jedoch nicht möglich: In diesem Sprachbild wird der Begriff der Regel und des Regelfolgens nämlich an einer sehr frühen Stelle der Sprachtheorie eingeführt – noch bevor von den propositionalen Gehalten sprachlicher Ausdrücke und Gedanken die Rede ist. Das Konzept propositionaler Gehalte und Bedeutungen von Ausdrücken natürlicher Sprachen soll vielmehr umgekehrt auf der Grundlage des Regelbegriffs eingeführt werden. Dann muss das Regelfolgen aber wie eine Routine beschrieben werden, die nicht vom Erfassen des Gehaltes der Regel abhängt. Und das ist eine sehr problematische Konsequenz.

Die Wittgenstein-Theorie als prominenteste Semantik begrifflicher Rollen ist also mit zwei verschiedenen gewichtigen Problemen belastet: Mit dem Problem der Regelanwendung und mit dem Problem einer Analyse des Regelfolgens ohne Rückgriff auf den Gehalt der Regel. Das ist Grund genug, sich nach andersartigen Sprachtheorien umzusehen, die zum Beispiel ohne einen Rückgriff auf den Regelbegriff auskommen. Das sind typischerweise *externalistische Semantiken*. Eine ihrer wichtigsten Varianten ist die *Theorie der kausalen Referenz*. Diese Theorie geht von recht einfachen Beispielen aus. Der Satz »Dort sind Kühe« hat etwa im Rahmen der deutschen Sprachgemeinschaft den Gehalt, dass dort Kühe sind, insofern, als (a) in der Geschichte der deutschen Sprachgemeinschaft und der biographischen Geschichte der meisten Deutschen das Ereignis, dass dort Kühe sind, unter günstigen psychophysischen Bedingungen regelmäßig die linguistische Reaktion »Dort sind Kühe« kausal hervorgerufen hat, und (b) es unter bestimmten spezifischen Umständen durchaus möglich ist, dass auch Ereignisse, die nicht die Tatsache enthalten, dass dort Kühe sind (z. B. der Sachverhalt, dass dort Pferde sind), gelegentlich die linguistische Reaktion »Dort sind Kühe« kausal hervorrufen und hervorgerufen haben. Im Falle (a) handelt es sich um eine »richtige« und erfolgreiche Repräsentation, im Falle (b) dagegen um eine Fehlrepräsentation. Die Fehlrepräsentation, die darin besteht, dass auch der disjunktive Sachverhalt, dass dort Kühe *oder* Pferde sind, die linguistische Reaktion »Dort sind Kühe« kausal hervorrufen kann, ist jedoch von (a) abhängig, während die umgekehrte Abhängigkeit nicht besteht. Diese *Asymmetrie*, und damit die Unterscheidung zwischen Fehlrepräsentation und angemessener Repräsentation, kann aber nur über die *Geschichte* des kausalen Zusammenspiels von externen Sachverhalten und linguistischen Reaktionen erklärt werden.

3.157 *Grundgedanke der Theorie der kausalen Referenz*

Dass der Satz oder Gedanke »p« die *Bedeutung* oder den *Gehalt*, dass p, hat, heißt im Wesentlichen:

(a) In der Geschichte der Sprachbenutzer hat das Ereignis p unter guten psychophysischen Bedingungen regelmäßig die Äußerung oder den Gedanken »p« kausal hervorgerufen, so dass sich die Sprachbenutzer mit »p« auf p beziehen (auf p referieren). Dieser Fall ist eine angemessene sprachliche Repräsentation (3.132).

(b) Falls in einigen Fällen ein von p verschiedenes Ereignis q die Äußerung oder den Gedanken »p« kausal hervorruft, dann ist diese Kausalbeziehung in asymmetrischer Weise von Fall (a) abhängig. Dieser Fall ist eine unangemessene sprachliche Repräsentation (Fehlrepräsentation).

Bereits an dieser einfachen Theorie und ihren einfachen Beispielen lässt sich erkennen, dass externalistische Semantiken typischerweise *historische* Theorien sind. Dasselbe gilt sowohl für die externalistische subsprachliche Repräsentationstheorie, die wir im vorigen Kapitel behandelt haben, als auch für die bislang einflussreichste Variante einer *externalistischen* Semantik für natürliche Sprachen, den *Interpretationismus*, der auf Davidson zurückgeht.

Interpretationismus (Davidson-Theorie)

Der Interpretationismus will nicht nur klären, wie der Prozess des Verstehens propositionaler Gehalte (3.139) funktioniert, er will zugleich damit auch erklären, was propositionale Gehalte und Bedeutungen sind, ohne die Begriffe von Gehalt und Bedeutung schon vorauszusetzen. Dabei geht es nicht um eine Theorie menschlicher Sprachfähigkeit allgemein, sondern um eine Bedeutungstheorie für jeweils einzelne natürliche Sprachen. Zwei grundlegende Ideen sind für den Interpretationismus leitend:

3.158 *Zwei grundlegende Ideen des Interpretationismus*

(1) (a) Die Begriffe von Bedeutung und Gehalt müssen theoretisch auf der Grundlage des Wahrheitsbegriffes eingeführt werden, so dass klar wird, dass Gehalte und Bedeutungen keine eigenen mysteriösen Entitäten sind (erste Idee).

(b) Die Existenz propositional gehaltvoller mentaler Zustände (3.104) ist abhängig davon, dass ihre Träger eine natürliche Sprache meistern, sich gegenseitig mit sprachlichen Mitteln interpretieren und auf dieser Grundlage auch sich selbst interpretieren (zweite Idee).

(2) Eine Theorie des Verstehens (3.139) und der sprachlichen Kommunikation muss daher eine *extensionale Wahrheitstheorie für natürliche Sprachen* sein, die die sprachliche Kommunikation erklärt, ohne auf Bedeutungen und Gehalte als theoretisch grundlegenden Entitäten zurückzugreifen.

Im *grundlegenden Szenario des Interpretationismus* wird davon ausgegangen, dass Sprecher einer Metasprache MS eine fremde Objektsprache OS verstehen (wollen) und dass die Sprecher die Objektsprache verstehen, wenn sie die Objektsprache in ihre Metasprache übersetzen können (1.6 (2)).

Diese Vorgänge können besser untersucht werden, wenn man sich in Gestalt eines Gedankenexperiments in die Extremsituation der *radikalen Interpretation* versetzt. Sprecher S* begegnen anderen Sprechern S einer Objektsprache, ohne diese Objektsprache in irgendeiner Hinsicht zu verstehen. In dieser Situation werden die S*, um die Objektsprache OS kennen zu lernen, zustimmende satzartige Äußerungen (Satz-Tokens) s von S in OS mit Sätzen verglichen, die sie selbst in ihrer eigenen Sprache, eben der Metasprache MS, in derselben Situation zustimmend äußern würden. Dabei verwenden sie den Wahrheitsbegriff. Daher heißen diese Vergleiche, die in logischer Hinsicht materiale Äquivalenzen sind, auch *Wahrheitstheoreme* oder *T-Theoreme* (wobei *T* für »true« steht) oder zuweilen auch *T-Äquivalenzen* (3.145–3.147).

Wenn beispielsweise Barbara, eine Sprecherin des Deutschen, die kein Wort Englisch spricht, in eine englische Sprachgemeinschaft kommt, könnte sie feststellen:

(T1) Sprecher des Englischen äußern zustimmend den Satz »The traffic is heavy today« am Trafalgar Square in London am 5. Mai 2000 genau dann, wenn der Verkehr am Trafalgar Square in London am 5. Mai 2000 dicht ist.

Diese Feststellung kann ein wenig allgemeiner formuliert werden:

(T2) Im Englischen ist der Satz »The traffic is heavy today« am Trafalgar Square in London am 5. Mai 2000 wahr genau dann, wenn der Verkehr am Trafalgar Square in London am 5. Mai 2000 dicht ist.

Die Feststellung (T2) ist in deutscher Sprache formuliert, aber sie *zitiert* einen Satz der englischen Sprache (in Anführungszeichen). Die deutsche Sprache ist also in (T2) die *Metasprache* relativ auf die englische Sprache, und das Satz-Zitat »The traffic is heavy today« ist ein *metasprachlicher Name* des englischen Satzes im Deutschen. In (T2) kommt also nicht ein englischer Satz vor, sondern ein metasprachlicher Name eines englischen Satzes: Der englische Satz wird in (T2) nicht gebraucht, sondern genannt (d. h. zitiert).

3.159 *Wahrheitstheoreme (T-Theoreme)*

(1) *Wahrheitstheoreme (T-Theoreme)* sind Sätze der Form:

(T*) s in OS ist zur Zeit t am Ort r *wahr* genau dann, wenn p zu t an r
(wobei »p« ein Satz der Metasprache MS und »s« der Name eines Satzes der Objektsprache OS in der Metasprache MS ist (das *Wahrheitstheorem T** ist ja in der Metasprache MS formuliert)).

(2) Die Aufstellung von Wahrheitstheoremen (T-Theoremen) ist der erste Schritt auf dem Weg zum Verstehen einer fremden natürlichen Objektsprache OS für Sprecher einer Metasprache S.

Falls sich (T*) für hinreichend viele Orte und Zeiten bestätigt, können die Sprecher zu dem *vereinfachten und verallgemeinerten Wahrheitstheorem* (oder kurz: *T-Theorem*)

(T)   s ist *wahr* gdw p

übergehen, z. B.

(T3)   »The traffic is heavy today« ist wahr gdw der Verkehr dicht ist.

In diesen verkürzten Fassungen des T-Theorems wird deutlicher, dass die Wahrheit im Sinne der Zitat-Tilgungstheorie der Wahrheit verstanden wird.

Ein T-Theorem ist noch *nicht* eine Bedeutungsangabe des zitierten Satzes in der Metasprache. Beispielsweise könnte das T-Theorem

(T4)   »The traffic is heavy today« ist wahr gdw viele Lastwagen auf der Strasse sind

durchaus zutreffend sein – in einem *empirischen* Sinne. T-Theoreme sind also zunächst empirische Feststellungen über linguistische Äußerungen in bestimmten beobachtbaren Situationen. Aber wenn die Sprecher für hinreichend viele Sätze einer Objektsprache T-Theoreme etabliert haben (als *empirische Basis* für die Interpretation der Objektsprache), können sie *hypothetisch rationale Verbindungen zwischen den Sätzen der Objektsprache herstellen*. Diese Verbindungen repräsentieren Begründungs- und Ableitungsstrukturen in der Objektsprache – und damit das Postulat grundlegender Axiome (1.40), aus denen sich T-Theoreme für alle Sätze der Objektsprache herleiten lassen sollten. Auf diese Weise wäre eine *Bedeutungstheorie für die Objektsprache, formuliert in der Metasprache*, etabliert. Das *Verstehen* der Objektsprache in der Metasprache heißt im Kern, über eine Bedeutungstheorie dieser Art für die Objektsprache zu verfügen (diese Theorie muss sich an den ableitbaren T-Theoremen bewähren, und sie beruht selbstverständlich auf einem Holismus, 3.137). Erst wenn aus einer bewährten Bedeutungstheorie für OS in MS ein T-Theorem der Form T ableitbar ist, *gibt p die Bedeutung oder den propositionalen Gehalt von s an.*

Ein kleines Beispiel für eine Situation der radikalen Interpretation soll das Konzept illustrieren:

Emma, die des Deutschen mächtig ist, aber kein Wort Englisch spricht, kommt in eine englische Sprachgemeinschaft hinein. In der ersten Situation S1 schauen Emma und einige Engländer auf ein Objekt, das Emma im Deutschen »Haus« nennen würde, und das Haus ist ziemlich groß. Die Engländer sagen »This is a big door«, und Emma registriert zunächst:

T0   Engländer sagen in S1 »This is a big door« gdw dort ein großes Haus ist.

Nehmen wir an, dieser Satz gilt auch für eine weitere Situation S2, dann wird Emma bereits vermuten:

T1   »This is a big door« ist wahr gdw dort ein großes Haus ist.

Diese These T1 ist bereits ein T-Theorem (T steht für »true«). T1 ist selbst sicher für S1 und S2 *wahr*. Aber das T-Theorem gibt noch nicht die *Bedeutung* des englischen Satzes an, es ist nur *extensional* wahr, im Sinne der Wahrheit einer materialen Äquivalenz: In den bisher geprüften Situationen wurden die Äußerungen in Gegenwart großer Häuser gemacht – und das auch nur für S1 und S2, jedoch noch nicht für viele weitere Situationen.

Für eine solide Bedeutungsangabe muss Emma weitere Situationen prüfen. Sie kommt vielleicht in Situation S3: Erneut stehen sie vor einem großen Haus, vor der Rückseite, und die Engländer sagen, zu Emmas Überraschung »This is a big house«, während sie selbst wieder sagen würde, dass dort ein großes Haus ist. Also: S3 *falsifiziert*

T1 (= beweist die Falschheit von T1, 1.23). Aber wenn Emma die Situationen weiter durchprüft und auch englische Äußerungen analysiert, in denen »big« und »house« und »this« in anderen Zusammenhängen vorkommen (z. B. wenn sie in S4 *in* einem Haus sind und auf eine sehr große Tür starren und die Engländer wieder sagen »This is a big door«), wird Emma endlich vermuten:

T2 »This is a big door« ist wahr gdw dies eine große Tür ist.

Wenn und soweit T2 sich weiter *empirisch* bewährt, kann Emma die vorläufige Hypothese formulieren, dass T2 die *Bedeutung* des englischen Satzes im Deutschen, oder eine angemessene *Übersetzung* des englischen Satzes in den deutschen Satz angibt.

Die weitere Bewährung des T-Theorems hängt zusätzlich noch von der Verifizierung von *Verbindungen* und *Folgerungen* von Begriffen und Sätzen im Englischen und Deutschen ab; z. B. wäre

T3 »Doors are entries to houses« ist wahr gdw Türen Eingänge von Häusern sind,

ein T-Theorem, das bereits eine Vernetzung von Begriffen anzeigt. Auf diese Weise könnte Emma für das Englische ein ganzes *Netz* von Behauptungen und Begriffsverbindungen über T-Theoreme aufbauen, das sie in das Deutsche übersetzen und damit verstehen kann. Je größer ein solcherart bewährtes Netz ist, desto weniger wahrscheinlich werden Irrtümer in den Bedeutungshypothesen. Das große Netz stellt dann die *Bedeutungstheorie* dar.

Die interpretationistische Semantik hat weitreichende Konsequenzen für unsere Idee von einem gelingenden Verstehen:

(1) Die Sprecher von OS und MS äußern überwiegend wahre Sätze. Andernfalls wäre das Faktum gelingenden Verstehens unerklärlich.

(2) Die Interpreten S* müssen den Interpretanden S überwiegende Rationalität (einschließlich einer elementaren Logik) in den normativen Verbindungen zwischen Sätzen ihrer Sprache OS unterstellen; die Interpretationstheorie sollte insbesondere die Übereinstimmung zwischen Interpreten und Interpretanden in Hinsicht auf das Für-Wahr-Halten von Äußerungen maximieren (Prinzip der Nachsichtigkeit, principle of charity).

(3) Die nach dem Prinzip der Nachsichtigkeit zu unterstellende Rationalität für S muss dieselbe Rationalität sein, die S* im Verstehen ihrer eigenen Sprache MS unterstellen: Diese basale Rationalität muss zutiefst universell sein.

(4) Die Rationalität, die für wechselseitiges Verstehen zu unterstellen ist, ist konstitutiv dafür, dass Lautfolgen eine bedeutungsvolle Sprache und mentale Episoden propositional gehaltvoll sind; diese tiefste Form der Rationalität ist daher nicht optional, sondern essentiell für alle Wesen, die eine Sprache sprechen und gehaltvolle Gedanken haben.

(5) Wahrheit und Falschheit, Rationalität und Irrationalität, Verstehen und Missverstehen sind nicht symmetrisch: Falschheit und Irrationalität lassen sich nur auf der Grundlage umfassender Wahrheit und gemeinsamer Rationalität identifizieren; das Andersartige und Fremde lässt sich nur auf Basis von Übereinstimmungen verstehen. Es gibt verschiedene Begriffsschemata (2.52, Passage nach 4.205), aber sie müssen sich ineinander übersetzen lassen: Es kann keine Sprachen geben, die wir prinzipiell nicht verstehen können. Mengen von Lauten, die prinzipiell unverständlich sind, sind keine Sprachen.

3.160 *Interpretationismus, Skeptizismus und Relativismus*

(1) Wenn Wesen einander verstehen können, müssen die meisten ihrer Meinungen und Äußerungen wahr sein.

(2) Für alle Wesen, die eine bedeutungsvolle Sprache sprechen, ist eine basale universelle Rationalität konstitutiv.

(3) Radikaler Skeptizismus (4.191 (3), nach 4.200) und radikaler Relativismus sind unhaltbar.

Die basale universelle Rationalität, die nach 3.160 für gelingendes Verstehen wesentlich ist, lässt sich noch genauer kennzeichnen:

3.161 *Basale universelle Rationalität*

Die *basale universelle Rationalität*, die die Interpreten im Verstehen von Äußerungen, Gedanken und Handlungen unterstellen müssen, ist im Wesentlichen gekennzeichnet durch die Annahmen, dass die Interpretanden

(a) das Offensichtliche glauben,

(b) nicht offen und verbreitet an Widersprüche glauben,

(c) sich diejenigen Meinungen bilden, für die ihre Gründe alles in allem sprechen,

(d) und angesichts widerspenstiger Phänomene ihre Meinungen so adjustieren, dass sie möglichst wenige ihrer Meinungen ändern müssen.

Die interpretationistische Verstehenstheorie bezieht sich nicht nur auf das Verstehen von bedeutungsvollen Sätzen, sondern auch auf das Verstehen von gehaltvollen Gedanken. Eine der Kernthesen des Interpretationismus ist, dass das Verstehen von Gedanken *nur* über das Verstehen von Sätzen oder Äußerungen möglich ist. Wenn eine Person S1 *äußert*, dass Davidson ein brillanter Philosoph ist, und wenn eine Person S2 diese Äußerung versteht, dann liegt es für S2 nahe, der Person S1 die *Meinung* (= psychische Einstellung des Meinens gegenüber einem propositionalen Gehalt, 3.151 (1)) zuzuschreiben, dass Davidson ein brillanter Philosoph ist.

Allerdings hat die Interpretin S2 vor allem dann Anlass, dem Interpretanden S1 eine Meinung, also einen mentalen Zustand zuzuschreiben, wenn sie die Sprache von S1 hinreichend versteht und dann feststellen muss, dass eine Äußerung von S1 (nach Auffassung von S2) *falsch* ist. Falsche und zugleich verständliche Äußerungen einer Person geben den Interpreten einen guten Grund, den Interpretanden Gedanken zuzuschreiben. Mentale gehaltvolle Episoden werden dem Interpretationismus zufolge als unbeobachtbare, theoretische Entitäten postuliert, um diese linguistischen Verhältnisse zu erklären (man unterteilt gewöhnlich alle deskriptiven Ausdrücke eines Vokabulars in Beobachtungstermini, die Beobachtbares beschreiben, und theoretische Termini, die prinzipiell Unbeobachtbares, d. h. theoretische Entitäten, bezeichnen. Theoretische Termini haben sich in allen Wissenschaften als unverzichtbar erwiesen (vgl. nach 4.210 und nach 4.211)). Daraus ergibt sich eine gestufte Sprachabhängigkeitsthese für Gedanken:

3.162 *Sprachabhängigkeitsthese des Interpretationismus*

(1) Das Postulat propositional gehaltvoller mentaler Zustände (3.104) bei fremden Personen und das

> Verstehen dieser Zustände (3.139) ist abhängig
> vom Verstehen der propositionalen Gehalte der
> Äußerungen dieser Personen.
>
> (2) Dieselben Interpretationsprinzipien, die für das
> Verstehen von sprachlichen Äußerungen und Sät-
> zen gelten, gelten auch für das Verstehen von
> propositional gehaltvollen Gedanken.
>
> (3) Die Kenntnis und das Verstehen der eigenen Äu-
> ßerungen und Gedanken folgt dem Modell der
> Kenntnis und des Verstehens der Äußerungen
> und Gedanken fremder Personen.

Das angemessene Verstehen muss sich nach 3.162 stets *zugleich* auf Äußerungen und Gedanken richten: Die propositionalen Gehalte sowohl der Äußerungen einer Person
als auch ihrer Gedanken müssen in einen möglichst kon-
sistenten Zusammenhang gebracht werden.

Der Interpretationismus ist unvereinbar mit einem naiven philosophischen Realismus in Hinsicht auf gehaltvolle
Gedanken und bedeutungsvolle Sätze. Gehaltvolle Gedanken und bedeutungsvolle Sätze sind nicht schlicht gegeben, so dass wir sie dann mittels Verstehensakten erfassen,
sondern die wechselseitigen Interpretationsversuche in einer Sprachgemeinschaft tragen wesentlich zur Entstehung
von Gehalten und Bedeutungen bei. Erst die Geschichte
wechselseitiger Interpretationsversuche (3.158–3.162) konstituiert Gedanken und Sätze mit propositionalen Gehalten durch das Aufstellen einer empirischen Interpretationstheorie nach interpretationistischen Kriterien.

Wie bereits erwähnt, ist der Interpretationismus eine
weitere Variante einer externalistischen Theorie der
sprachlichen Repräsentationstheorie (d. h. einer Theorie
sprachlicher Gehalte und Bedeutungen, 3.150 (2)). Dieser
Externalismus ist allerdings nicht nur über die Geschichte
der Wechselwirkungen zwischen Sprachbenutzern und

externen Ereignissen, sondern auch über die Geschichte der *interpretatorischen* Wechselwirkungen *unter den Sprachbenutzern* bestimmt. Die *Beziehungen* zwischen Gedanken und Sätzen sind dem Interpretationismus zufolge *logischer* und *normativer* Art und haben über den Holismus der Gehalte und Bedeutungen (3.137) Einfluss auf die *Individuierung* propositionaler Gehalte. Der Interpretationismus liefert auch eine tiefere Begründung für die Unterscheidung zwischen dem Reich der Natur und dem logischen Raum der Gründe – vor allem aber auch eine Begründung für die methodische Differenz von Geisteswissenschaften und Naturwissenschaften:

> **3.163** *Logischer Raum der Gründe*
>
> (1) Die metaphorische Rede vom *logischen Raum der Gründe* bezeichnet einen Bereich, dessen Entitäten (z. B. mentale Zustände (3.104), Aussagen (1.8), logische und mathematische Gesetze) durch rationale und logische Organisationsprinzipien zusammengehalten werden (3.136 (5)).
>
> (2) Die basale Rationalität, die unterstellt werden muss, wenn eine Interpretation von Äußerungen, Absichten, Überzeugungen und Handlungen (gegebenenfalls auf der Basis gemeinsamer Wahrheitsbezüge und kausaler Referenz) möglich sein soll, ist dem Interpretationismus zufolge der entscheidende Grund dafür, dass der *logische Raum der Gründe und damit das Reich des Geistes vom Reich der Natur unterschieden werden muss.*

Nach 3.163 ist der Interpretationismus eine weitere theoretische Stütze der These, dass die Geisteswissenschaften gegenüber den Naturwissenschaften methodisch eigen-

ständig sind (3.139): Die Geisteswissenschaften sind ver-
stehende Wissenschaften, denn sie erklären im Modus
des Verstehens einen spezifischen Aspekt des Geistes –
seine semantische Dimension und damit seine rationale
Ebene.

Die Subjektphilosophie, das zentrale Paradigma der
Philosophie seit der Frühmoderne, hat das Subjekt ontologisch, epistemologisch und moralphilosophisch in den
Mittelpunkt ihrer Theorien gerückt. Die grundlegenden
Thesen der Subjektphilosophie lauten, dass das Fundament unseres Wissens in inneren, introspektiv zugänglichen gehaltvollen Sinnesdaten besteht, dass wir uns ferner
nur über die Sinnesdaten und ihre Gehalte auf die Welt
beziehen können und dass das Verstehen unserer selbst
die Grundlage für das Verstehen anderer Menschen ist.
Diese Thesen wurden später kritisch *Mythos des Subjektiven* genannt.

Der Interpretationismus attackiert den *Mythos des Subjektiven*, denn der Interpretationismus behauptet: Unsere
Gedanken sind ihrem Gehalt nach prinzipiell anderen
Menschen zugänglich. Wir verstehen *uns* prinzipiell nicht
besser, als Andere uns verstehen. Nur auf Basis gegenseiti-
gen Verstehens ist es möglich, sich selbst zu verstehen.
Das Subjekt hat keinen semantischen Primat, keinen privilegierten Zugang zu den Gehalten seiner Gedanken. Der
Gedanke oder die Äußerung, dass p, wird in den einfachs-
ten Fällen ausgelöst durch die externe Tatsache p (*kausale
Referenztheorie*: 3.157). Auf dieser Tatsache beruht die
Möglichkeit, T-Theoreme zu etablieren, und deshalb müssen die meisten unserer Gedanken und Äußerungen wahr
sein *(externalisierte Erkenntnistheorie).* Das Fundament
unseres Wissens besteht daher nicht in inneren Sinnesdaten (4.181), die als Basis für Rechtfertigungen von Wis-
sensansprüchen dienen können. Vom Mythos des Subjektiven bleibt nur die *Autorität der ersten Person* (3.167
(2)(a)): Jede Person hat in dem Sinne introspektiv einen

privilegierten Zugang zu ihren eigenen Gedanken, als sie am besten und sicher wissen kann, welche Gedanken sie überhaupt jeweils hat (aber das impliziert *nicht,* dass jede Person ihre eigenen Gedanken am besten, oder unabhängig von den Interpretationen anderer Personen verstehen kann).

3.164 *Interpretationismus und Mythos des Subjektiven*

(1) Der Interpretationismus bestreitet die folgenden Thesen:
  (a) Das Fundament des Wissens liegt im Subjekt, und Gehalte sind ganz und gar im Kopf: Erst über Gehalte können wir uns auf die Welt beziehen.
  (b) Das Verstehen unserer selbst ist Basis für das Verstehen Anderer.
  (c) Das Fundament unseres Wissens besteht aus inneren, introspektiv zugänglichen Sinnesdaten (4.181).
(2) Die Thesen (a)–(c) machen den Kern der traditionellen Subjektphilosophie aus. Der Interpretationismus entlarvt nach (1) diesen Kern als einen *Mythos des Subjektiven.*

Zum besseren Verständnis des Interpretationismus ist es hilfreich, in einem kurzen Exkurs den technischen Aufbau einer interpretationistischen Theorie zu erläutern.

Modell einer davidsonianischen
Interpretationstheorie

Eine interpretationistische Theorie des Verstehens sollte
einigen allgemeinen Anforderungen genügen:

3.165 *Adäquatheitsbedingungen für eine interpretationistische Theorie des Verstehens und Bedeutungstheorie (BT)*

(R) Eine adäquate BT für eine Sprache S gibt die Bedeutungen von Sätzen aus S derart an,
   (i) dass die Bedeutung aller bzw. beliebiger
        Sätze von S aus BT ableitbar sind,
   (ii) dass die Bedeutung komplexer Sätze in dem
        Sinne von der Bedeutung ihrer Teile ab-
        hängt, dass die Teile einen systematischen
        Beitrag zur Bedeutung der Sätze leisten,
   (iii) dass für die atomaren Bestandteile der Sätze
        aus S keine Bedeutungen als spezielle Enti-
        täten postuliert werden, sondern allenfalls
        singuläre Entitäten als Referenten (Bezug),
   (iv) dass nach (i)–(iii) insgesamt in BT keine Be-
        deutungen als spezielle Entitäten postuliert
        werden,
   (v) und dass zur Formulierung von BT eine ge-
        brauchte und verstandene Metasprache be-
        nutzt wird.

Nach (iv) aus (R) bleibt die BT rein extensional (sie ent-
spricht dem Prinzip ontologischer Sparsamkeit als Forde-
rung reduktiver Metaphysik; vgl. vor 2.42, 2.65, Passage
vor 2.65). Die Bedingung (i) aus (R) kann und muss genauer qualifiziert werden: Die Angabe der Bedeutung eines Satzes s aus S erfolgt konsistent mit nominalistischen

Grundsätzen, d. h. wegen (iv) und (v) aus (R) weder in der Form »s bedeutet m« (mit einem Nominator (1.2) »m«, der auf eine Bedeutungsentität verweist), noch in der Form »s bedeutet, dass q« (mit einem intensionalen Kontext »… bedeutet, dass …«), sondern in der extensionalen Form

(*) s ist W gdw p

(»s« ist metasprachlicher Name eines objektsprachlichen Satzes »t«, und »p« ist gleich »t«, wenn die Objektsprache Teil der Metasprache ist; »p« ist eine Übersetzung von »t« in eine Metasprache, wenn die Objektsprache nicht Teil der Metasprache ist; ferner ist »W« irgendein vorläufig noch nicht näher bestimmtes Prädikat, das auf Sätze zutrifft).

Wenn eine adäquate BT Sätze der Form (*) für alle Sätze s aus S impliziert, so dass die Bedingungen (ii)–(v) aus (R) erfüllt sind, dann *zeigt sich* (lässt sich *entdecken*), dass das Prädikat ›W‹ in (*) der Wahrheitsbegriff in der geeignet interpretierten Tarski-Semantik ist. Demnach ist in einer adäquaten Bedeutungstheorie der Wahrheitsbegriff der zentrale semantische Grundbegriff.

Beginnen wir mit einem *Beispiel*, um auf dieser Grundlage ein kleines Miniaturmodell einer davidsonianischen Interpretationstheorie aufzubauen.

Lisa ist eine der wenigen deutschen Ethnologinnen, die auch Linguistik und Sprachphilosophie studiert haben, aber kein Wort Englisch sprechen (Lisa ist frenetisch frankophil und spricht daher perfekt Französisch). Auf einer ihrer Reisen trifft sie auf einen Stamm menschenähnlicher Wesen, die gewisse Laute von sich geben, und Lisa vermutet, dass es sich um eine natürliche Sprache handelt. Sie möchte daher versuchen, diese Sprache zu lernen – denn sie möchte professionell testen, wie Sprecher einer natürlichen Sprache die unbekannten Sprachen fremder Völker im Rahmen der Feldforschung verstehen lernen. Schnell findet sie heraus, dass die Lareten – so hat sie den Stamm für sich getauft – nur in extrem wenigen Situationen extrem wenige unterschiedliche Laute produzieren. Denn die Lareten reagieren, so scheint es Lisa, linguistisch auf das Auftauchen von zwei verschiedenen Lebewesen, die Lisa im Deutschen »Bären« und »Wildschweine« nennen würde. Ferner reagieren die Lareten linguistisch noch auf einen Gegenstand. Und Lisa hat das deutliche Gefühl, dass es sich in diesen Fällen stets um zustimmende linguistische Reaktionen der Lareten handelt.

Lisa beginnt nach einer Reihe dieser Beobachtungen einige Daten festzuhalten:

(i)   Die Lareten sagen regelmäßig »bear«, wenn Lisa sagen würde »Dies ist ein Bär«.

(ii) Die Lareten schreien regelmäßig »dangerous« und rennen weg, wenn Lisa einen Bären sieht, und Lisa hat, weil sie sich bedroht fühlt, ebenfalls den starken Wunsch wegzurennen, wenn der Bär näher kommt – sie neigt spontan dazu, »Dieser Bär ist aber groß«, aber auch »Der ist gefährlich« zu schreien.

(iii) Die Lareten sagen manchmal »John« und manchmal »Fred«, wenn Lisa sagen würde »Das ist ein Bär«.

(iv) Die Lareten sagen regelmäßig »sow«, wenn Lisa sagen würde »Dies ist ein Wildschwein«.

(v)   Die Lareten schreien regelmäßig »edible«, wenn sie ein Wildschwein sehen, und versuchen es zu fangen; und wenn sie eines gefangen haben, braten und verspeisen sie es. Lisa würde in diesen Situationen sagen: »Dieses Wesen ist aber klein und putzig.«

(vi) Die Lareten sagen manchmal »Mary« und manchmal »Emily«, wenn Lisa sagen würde »Das ist ein Wildschwein«.

(vii) Die Lareten sagen regelmäßig »home«, wenn sie einen Gegenstand sehen und in ihn hineingehen, den Lisa »Haus« nennen würde.

(viii) Die Lareten sagen manchmal »big«, wenn sie auf Häuser schauen, also wenn Lisa wieder sagen würde »Dies ist ein Haus«.

Aufgrund dieser Daten stellt Lisa zunächst folgende Hypothesen auf:

(1) Die Äußerung »bear« ist wahr (im Laretischen) gdw dies ein Bär ist.

(2) Die Äußerung »sow« ist wahr (im Laretischen) gdw dies ein Wildschwein ist.

(3) Die Äußerung »dangerous« ist wahr (im Laretischen) gdw dies ein Bär ist.

(4) Die Äußerung »edible« ist wahr (im Laretischen) gdw dies ein Wildschwein ist.

(5) Die Äußerung »home« ist wahr (im Laretischen) gdw dies ein Haus ist.

In Hinsicht auf die Wahrheitsbedingungen der übrigen Laute, die die Lareten von sich geben, ist Lisa sich weniger sicher. Und selbst in Hinsicht auf (1)–(5) ist sie nicht völlig überzeugt. Vielleicht heißt »edible« so viel wie »klein und putzig«, und »dangerous« eher »groß«? Aber irgendwann findet sie heraus, dass die Lareten beim Auftauchen von zwei bestimmten individuellen Bären »Fred« bzw. »John« sagen, und dass sie beim Auftauchen von zwei bestimmten individuellen Wildschweinen, die Lisa zu identifizieren lernt, »Mary« bzw. »Emily« sagen. Nachdem Lisa die beiden Bären und Wildschweine zu identifizieren gelernt hat, tauft sie die Tiere im Deutschen auf die Namen »Fritz«, »Johannes«, »Marie« und »Emilie«. Außerdem registriert Lisa, dass die Lareten auch manchmal »big« sagen, wenn Bären auftauchen, aber dies niemals äußern, wenn Wildschweine auftauchen. Und sie sagen »home« vor allem dann, wenn sie in ihr eigenes Haus hineingehen oder sich dort aufhalten. Deshalb vermutet Lisa, dass statt (5) gilt:

(6) Die Äußerung »home« ist wahr (im Laretischen) gdw dies das Heim der Sprecherin ist.

Und ferner:

(7) Die Äußerung »big« ist wahr (im Laretischen) gdw dies etwas Großes ist.

Aber im Laufe der Zeit bemerkt Lisa, dass die Lareten, wenn auch sehr undeutlich, noch zwei weitere Laute produzieren. Wenn z. B. Bären zusammen mit Wildschweinen auftauchen, sagen sie »bear and sow«, oder wenn Fred zusammen mit John auftaucht, sagen sie »Fred and John«. Manchmal gibt es auch Situationen, in denen etwa ein Bär in der Ferne sichtbar wird und Lisa ruft »John«, während die Lareten darauf damit reagieren, dass sie sagen »Fred, not John«. Als der Bär näher kommt, erkennt Lisa, dass es sich um Fred handelt. Sie vermutet daher:

(8) Die Äußerung »x and y« (wobei »x« und »y« Ausdrücke des Laretischen sind) ist wahr (im Laretischen) gdw r und s (wobei »r« und »s« die deutschen Ausdrücke sind, die nach (1)–(6) den laretischen Ausdrücken »x« und »y« zugeordnet sind).

(9) Die Äußerung »not x« (wobei »x« ein Ausdruck des Laretischen ist) ist wahr (im Laretischen) gdw nicht r (wobei »r« der deutsche Ausdruck ist, der nach (1)–(6) dem laretischen Ausdruck »x« zugeordnet ist).

Lisa benutzt nun diese Daten, um *hypothetisch* eine Bedeutungstheorie für das Laretische aufzustellen. Als kundige Sprachphilosophin gibt sie zunächst Syntax und Semantik

(1.41) dieser Sprache an; dabei vermutet sie im Sinne des Prinzips der Nachsichtigkeit (vgl. (2), (3) vor 3.160), dass die Lareten ihre wenigen Laute auch zusammensetzen, und zwar implizit im Sinne von Prädikationen (1.4) und logischen Verbindungen, wie sie die elementare zweiwertige Logik vorsieht:

Syntax des Laretischen
  - *Alphabet:*
    Fred, John, Mary, Emily (Individuenkonstanten);
    bear, sow, home, big, dangerous, edible (Prädikatoren);
    and, not (logische Junktoren: 1.31).
  - *Formregeln:*
    Individuenkonstanten können mit Prädikatoren kombiniert werden; diese Kombinationen heißen *Sätze*.
    Sätze können mit dem Präfix *not* versehen oder mit *and* verbunden werden; so ergeben sich wieder Sätze des Laretischen.
    Prädikatoren können kombiniert werden (als implizite allquantifizierte Sätze, 1.28).

Semantik
  - *Bezeichnungsregeln:*
    »Fred«, »John«, »Mary« und »Emily« sind Eigennamen für Einzeldinge, und es gilt
    (f1) »Fred« bezeichnet Fritz,
    (f2) »John« bezeichnet Johannes,
    (f3) »Mary« bezeichnet Marie,
    (f4) »Emily« bezeichnet Emilie.

Diese Bezeichnungsregeln sind Zuordnungen, die wir auch als *Funktionen* auffassen können: Funktion f1 ordnet »Fred« dem Fritz zu, Funktion f2 ordnet »John« dem Johannes zu, Funktion f3 ordnet »Mary« der Marie zu, und Funktion f4 ordnet »Emily« der Emilie zu.

– *Satzfunktionen:*
»bear«, »sow«, »home«, »big«, »dangerous«, »edible«
sind *Satz*funktionen, die durch bestimmte einzelne
Gegenstände erfüllt werden können (d. h. die wir in
der Form »P(x)« als Abkürzung für »x ist P« schreiben können), und es gilt (für beliebige einzelne Gegenstände x):
(1) x (ist) bear gdw x ein Bär ist,
(2) x (ist) sow gdw x ein Wildschwein ist,
(3) x (ist) home gdw x ein Heim ist,
(4) x (ist) big gdw x groß ist,
(5) x (ist) dangerous gdw x gefährlich ist,
(6) x (ist) edible gdw x essbar ist.

Mit Blick auf diese konkrete Semantik des Laretischen
können wir zwei *zentrale semantische Ausdrücke* im Rahmen unserer Bedeutungstheorie bestimmen
(a) *Erfüllung:* Eine Funktion, die den Eigennamen »e«
(als *Argument der Funktion*) dem Gegenstand g (als
Wert der Funktion) zuordnet, *erfüllt* die Satzfunktion »P(x)« gdw g ein Q-Ding ist (wobei »Q« der
deutsche Prädikator ist, der nach der Liste (1)–(6)
der Satzfunktionen des Laretischen dem laretischen
Prädikator »P« zugeordnet ist).
(b) *Wahrheit:* Der Satz »P(a)« ist *wahr*, wenn es eine
Funktion mit »e« als Argument gibt, die die Satzfunktion »P(x)« erfüllt.

– *Logische Semantik:*
Sind »p« und »q« beliebige wohlgeformte Sätze des
Laretischen, dann gilt:
(S1) »p« ist *falsch* gdw »p« nicht wahr ist,
(S2) »not p« ist wahr gdw »p« falsch ist,
(S3) »p and q« ist wahr gdw »p« wahr ist und »q«
wahr ist.

Zum axiomatischen Apparat unserer Bedeutungstheorie des Laretischen gehören dann verschiedene *Erfüllungsregeln* und *Wahrheitsregeln*, die angeben, unter welchen Bedingungen welche Funktionen im Laretischen nun tatsächlich welche Satzfunktionen erfüllen, und unter welchen Bedingungen welche Sätze des Laretischen tatsächlich wahr sind (die Axiomatisierung (1.40) der Interpretationstheorie ist hier so zu verstehen, dass die Axiome grundlegende empirische Hypothesen sind, die sich bestätigen oder widerlegen, aber niemals beweisen lassen, 1.23, 4.215 (4)). In unserem Beispielfall handelt es sich offensichtlich um folgende Regeln:

Erfüllungsregeln

Funktion f1 (d. h. Fred) erfüllt »bear(x)«, bzw. »sow(x)«, bzw. »home(x)«, bzw. »big(x)«, bzw. »dangerous(x)«, bzw. »edible(x)« gdw Fritz ein Bär bzw. ein Wildschwein bzw. ein Heim bzw. groß bzw. gefährlich bzw. essbar ist.

Funktion f2 (d. h. John) erfüllt »bear(x)«, bzw. »sow(x)«, bzw. »home(x)«, bzw. »big(x)«, bzw. »dangerous(x)«, bzw. »edible(x)« gdw Johannes ein Bär bzw. ein Wildschwein bzw. ein Heim bzw. groß bzw. gefährlich bzw. essbar ist.

Funktion f3 (d. h. Mary) erfüllt »bear(x)«, bzw. »sow(x)«, bzw. »home(x)«, bzw. »big(x)«, bzw. »dangerous(x)«, bzw. »edible(x)« gdw Marie ein Bär bzw. ein Wildschwein bzw. ein Heim bzw. groß bzw. gefährlich bzw. essbar ist.

Funktion f4 (d. h. Emily) erfüllt »bear(x)«, bzw. »sow(x)«, bzw. »home(x)«, bzw. »big(x)«, bzw. »dangerous(x)«, bzw. »edible(x)« gdw Emilie ein Bär bzw. ein Wildschwein bzw. ein Heim bzw. groß bzw. gefährlich bzw. essbar ist.

Einfache Wahrheitsregeln

»$P_i(a_j)$« ist wahr gdw f_j die Satzfunktion »$P_i(x)$« erfüllt – dabei steht »$P_i(x)$« für eine der sechs Satzfunktionen des Laretischen und »a_j« für einen der vier Eigennamen des Laretischen; es gibt daher im Laretischen 24 einfache Wahrheitsregeln, z. B.

(i) »Bear(Fred)« ist wahr gdw f1 die Satzfunktion »bear(x)« erfüllt,

(ii) »Sow(John)« ist wahr gdw wenn f2 die Satzfunktion »sow(x)« erfüllt,

(iii) »Bear(Mary)« ist wahr gdw f3 die Satzfunktion »bear(x)« erfüllt,

(iv) »Sow(Emily)« ist wahr gdw wenn f4 die Satzfunktion »sow(x)« erfüllt.

Zusammengesetzte Wahrheitsregeln

Es gibt schließlich Wahrheitsregeln, die sich mit Hilfe der logischen Junktoren aus einfachen oder aus bereits gebildeten zusammengesetzten Wahrheitsregeln zusammensetzen lassen; für die Angabe der zusammengesetzten Wahrheitsregeln müssen wir uns auch auf die logische Semantik des Laretischen berufen, z. B.

(v) »Bear(Fred) and sow(Mary)« ist wahr gdw f1 die Satzfunktion »bear(x)« erfüllt und wenn f3 die Satzfunktion »sow(x)« erfüllt.

(vi) »Big(Fred) and bear(Emily)« ist wahr gdw f1 die Satzfunktion »big(x)« erfüllt und f4 die Satzfunktion »bear(x)« erfüllt.

(Es gibt offensichtlich *sehr viele* zusammengesetzte Wahrheitsregeln des Laretischen, trotz seines höchst eingeschränkten Vokabulars).

Einer der *entscheidenden theoretischen Aspekte* dieser Art von Bedeutungstheorie ist, dass die *konkreten* einfachen und zusammengesetzten Wahrheitsregeln aus den Erfüllungsregeln *und* der *allgemeinen* semantischen Wahrheitsregel *abgeleitet werden können*. Mit Hilfe der Erfüllungsregeln können dann aber aus diesen konkreten Wahrheitsregeln wiederum weitere Sätze abgeleitet werden. Um welche Arten von Sätzen handelt es sich dabei?

Schauen wir uns noch einmal die oben angeführten Beispiele (i)–(iv) für konkrete einfache Wahrheitsregeln an. Im Blick auf diese Wahrheitsregeln sagen die Erfüllungsregeln,

(a)* dass f1 die Satzfunktion »bear(x)« erfüllt gdw Fritz ein Bär ist,

(b)* dass f2 die Satzfunktion »sow(x)« erfüllt gdw Johannes ein Wildschwein ist,

(c)* dass f3 die Satzfunktion »bear(x)« erfüllt gdw Marie ein Bär ist,

(d)* dass f4 die Satzfunktion »sow(x)« erfüllt gdw Emilie ein Wildschwein ist.

Aus (a)–(d) und (a)*–(d)* schließlich folgt offenbar

(a)** »Bear(Fred)« ist wahr gdw Fritz ein Bär ist,

(b)** »Sow(John)« ist wahr gdw Johannes ein Wildschwein ist,

(c)** »Bear(Mary)« ist wahr gdw Marie ein Bär ist,

(d)** »Sow(Emily)« ist wahr gdw Emilie ein Wildschwein ist.

Die Sätze (a)**–(d)** haben offenbar gerade die *Form von T-Äquivalenzen*, also die Form jener linguistischen *Daten*, die Lisa im Rahmen ihrer linguistischen Feldforschung bei den Lareten gesammelt hat. Tatsächlich ist unsere Bedeutungstheorie gerade so konstruiert, dass sie für *jeden* wohlgeformten Satz des Laretischen eine geeignete T-Äquivalenz abzuleiten gestattet – und genau das soll eine adäquate Bedeutungstheorie für eine zu interpretierende Sprache leisten.

Wir können dieses konkrete Beispiel in eine *abstraktere Form* überführen (dabei sind jetzt auch quantifizierte Sätze berücksichtigt, die in unserem konkreten Beispiel keine

Rolle spielten). Eine *interpretationistische Bedeutungs-theorie BT* hat (für den Fall eines eingeschränkten Vokabulars der zu interpretierenden Objektsprache) folgende Form:

1.   *Syntax*
1.1.   Zeichen (Alphabet) von BT
1.1.1. a_1, a_2, a_3, a_4 (Individuenkonstanten)
1.1.2. x, y, ... (Individuenvariable, Gegenstandsbereich Menschen)
1.1.3. $P_1(x), P_2(x), P_3(x), P_4(x), P_5(x), P_6(x)$ (Prädikatoren)
1.1.4. $\neg, \vee, \wedge$ (logische Junktoren)
1.1.5. $\exists x, \forall x$ (Quantoren)
1.1.6. (,) (Klammern)

1.2.   Formregeln von BT
        Ein wohlgeformter Satz Σ von BT hat genau eine der folgenden Formen:
1.2.1. $P_i(a_j)$ (i = 1, ..., 6; j = 1, ..., 4)
1.2.2. $\neg (\Sigma_1), (\Sigma_1) \wedge (\Sigma_2), (\Sigma_1) \vee (\Sigma_2)$ (falls Σ_1, Σ_2 bereits wohlgeformt sind)
1.2.3. $\forall x\, P_i(x)$ (i = 1, ..., 6)
1.2.4. $\exists x\, P_i(x)$ (i = 1, ..., 6)

2.   *Semantik*
2.1.   Bezeichnungsregeln (Funktionen) in BT
2.1.1. »a_1« bezeichnet Fritz, d. h. $f_1(a_1)$ = Fritz,
2.1.2. »a_2« bezeichnet Johannes, d. h. $f_2(a_2)$ = Johannes,
2.1.3. »a_3« bezeichnet Marie, d. h. $f_3(a_3)$ = Marie,
2.1.4. »a_4« bezeichnet Emilie, d. h. $f_4(a_4)$ = Emilie.

2.2.   Satzfunktionen (= Prädikatoren; vgl. (1)(i)(c)) in BT:
2.2.1. $\forall x\, (P_1(x)$ gdw x ein Bär ist)
2.2.2. $\forall x\, (P_2(x)$ gdw x ein Wildschwein ist)

3.178 *Klassische Argumente gegen die Naturalisierung des phänomenalen Bewusstseins*

(1) Die individuelle Erlebensperspektive, die mit dem phänomenalen Bewusstsein (3.167 (1)(a), 3.168) verbunden ist, kann durch objektive naturwissenschaftliche Untersuchungen nicht erfasst werden (Nagel-Argument).

(2) Aussagen, die Gegenständen wahrheitsgemäß Eigenschaften auf eine Weise zuschreiben, die notwendigerweise ein phänomenales Erleben voraussetzt, stellen zusätzliches Wissen gegenüber allen denkbaren naturwissenschaftlichen Beschreibungen dieser Eigenschaften dar und beziehen sich daher auf Tatsachen, die sich nicht naturwissenschaftlich beschreiben lassen (Jackson-Argument).

(3) Naturwissenschaftliche Erklärungen, die in Hinsicht auf die physischen Realisierer phänomenalbewusster Zustände vollständig sind, sind mit verschiedenen Erlebnisqualitäten dieser Realisierer vereinbar und reichen daher an das phänomenale Bewusstsein selbst nicht heran (Levine-Argument).

Diese drei Argumente sind nicht nur miteinander vereinbar, sondern ergänzen einander. Einige Philosophen versuchen, diese Argumente zusätzlich durch zwei Gedankenexperimente zu stützen, in denen von *phänomenalen Zombies* und *invertierten Qualia* (3.167 (1)(a)) die Rede ist.

(4) Stellen wir uns *phänomenale Zombies* vor, also Wesen, die physikalisch, biologisch und funktional von uns Menschen nicht unterschieden sind, die in denselben Situationen dieselben Reaktionen, Gesten

und sprachlichen Kommentare manifestieren wie wir und daher insbesondere auch behaupten, sie hätten phänomenale Erlebnisse; tatsächlich haben sie allerdings keinerlei phänomenales Bewusstsein. Phänomenale Zombies sind zumindest logisch möglich (zu logischen Modalitäten: 2.56–2.57); es ist nicht widersprüchlich anzunehmen, dass phänomenale Zombies existieren. Und daraus folgt, dass das phänomenale Bewusstsein nicht identisch sein kann mit physischen Zuständen, denn phänomenale Bewusstseinszustände würden in diesem Fall nicht einmal über physischen Zuständen supervenieren (3.115).

(5) Angenommen, es gibt zwei Personen P1 und P2 derart, dass P1 genau dann bestimmte Rotfarben sieht, wenn P2 bestimmte Grünfarben sieht, und umgekehrt. Dann werden P1 und P2 zwar in genau denselben Situationen Gegenstände als rot oder grün klassifizieren, aber P1 wird etwas Rotes sehen, wenn sie »rot« sagt, während P2 etwas Grünes sehen wird, wenn sie »rot« sagt; und P1 wird etwas Grünes sehen, wenn sie »grün« sagt, während P2 etwas Rotes sieht, wenn sie »grün« sagt. In diesem Fall haben P1 und P2 *invertierte Qualia.* Doch werden sie diesen Umstand nicht entdecken können. Zugleich können invertierte Qualia bei verschiedenen Personen vorkommen, die funktional und physikalisch identisch sind. Auch daraus folgt, dass das phänomenale Bewusstsein nicht mit physischen Zuständen identisch sein kann.

Diese Hinweise auf phänomenale Zombies und Qualia (3.167 (1)(a)) sind nicht plausibel, denn Vieles spricht dafür, dass extrem komplex organisierte Organe wie das menschliche Gehirn *notwendigerweise* phänomenales Bewusstsein erzeugen und dass die Aktivitäten spezifischer

Hirnareale bei Menschen *notwendigerweise* auch spezifische Formen des phänomenalen Bewusstseins erzeugen.
Phänomenale Zombies und invertierte Qualia scheinen
daher zumindest physikalisch unmöglich zu sein.

Auch der bloße Hinweis auf eine Erklärungslücke im
Levine-Argument ist nicht durchschlagend, denn in vielen
Bereichen der Naturwissenschaften gibt es ähnliche theoretische Befunde: Die Warum-Fragen kommen an ein
Ende, wir müssen uns mit dem Hinweis auf empirische
Korrelationen (im Anschluss an 3.107) und auf die Entstehung neuer Systemeigenschaften begnügen. Wie schaffen
es materielle Körper, die vierdimensionale Raumzeit in ihrer Umgebung zu krümmen, und wie schafft es die vierdimensionale Raumzeit ihrerseits, andere materielle Körper
dazu zu bringen, sich auf geodätischen Bahnen zu bewe-
gen? *Was ist es* genauer an materiellen Körpern und an der
vierdimensionalen Raumzeit, das zu diesen Effekten
führt? Diese Frage können wir bis auf Weiteres nicht beantworten. Vielleicht lässt sich diese Erklärungslücke irgendwann schließen, das wäre ein Erkenntnisfortschritt.
Aber wenn sie sich nicht schließen lässt, wäre das kein
theoretisches Desaster. Es ist nicht einsichtig, warum wir
in der Theorie des Bewusstseins strengere Maßstäbe an
Erklärungen anlegen sollten als z. B. in der Allgemeinen
Relativitätstheorie (2.85).

Das Jackson-Argument und das Nagel-Argument sind
dagegen nach wie vor ernst zu nehmen, obgleich auch diese beiden Argumente auf unterschiedliche Weise kritisiert
wurden. Der wichtigste Einwand ist, dass Mary nicht eine
neue Tatsache kennen lernt, wenn sie zum ersten Mal einen blauen Enzian sieht, sondern eine neue Fähigkeit oder
einen neuen Zugang erwirbt, mit deren Hilfe sie sich auf
eine Tatsache beziehen kann, die sie in physikalischer Beschreibung bereits kennt.

Dieser Einwand verweist auf eine Ambivalenz des Begriffs »Tatsache«, mit der die Debatte um die Naturalisie-

rung des phänomenalen Bewusstseins belastet zu sein scheint. Denn der Einwand arbeitet mit einer Unterscheidung zwischen *objektiven Tatsachen*, die ganz unabhängig davon bestehen, wie wir sie erkennen oder beschreiben, und *beschreibungsabhängigen Tatsachen*, die sich als propositionale Gehalte wahrer Aussagen kennzeichnen lassen und folglich von der Bedeutung der in den Aussagen vorkommenden Ausdrücke abhängen. Die Idee ist zu sagen, dass wir dieselbe objektive Tatsache auf verschiedene Weise beschreiben können und dass daher zu ein- und derselben objektiven Tatsache verschiedene beschreibungsabhängige Tatsachen gehören können. Beispielsweise kennzeichnen die Aussagen:

(a) »Das Wasser in diesem Glas hat eine Temperatur von einem Grad, die ihrerseits in der mittleren kinetischen Energie E der Gasmoleküle besteht.«

(b) »Das Wasser in diesem Glas fühlt sich für mich eiskalt an.«

ein- und dieselbe objektive Tatsache und zugleich verschiedene beschreibungsabhängige Tatsachen. Was Mary lernt, ist nicht eine neue objektive Tatsache, sondern eine neue beschreibungsabhängige Tatsache. Und was der Naturalismus (2.65–2.69) behauptet, ist nicht, dass alle beschreibungsabhängigen Tatsachen physisch sind, sondern nur, dass alle objektiven Tatsachen physisch sind. Das Jackson-Argument und auch das Nagel-Argument verweisen dieser Überlegung zufolge nur darauf, dass es beschreibungsabhängige Tatsachen gibt, die nicht physisch sind. Das ist weder eine aufregende These noch ein Einwand gegen die Naturalisierung des phänomenalen Bewusstseins.

So plausibel dieser Einwand auf den ersten Blick aussehen mag – er hat bei genauerem Zusehen einen entscheidenden Haken. Denn er operiert mit einer Idee von objektiven Tatsachen, die ein Bestandteil des naiven metaphysischen Realismus (2.49 (1)) ist, der heute weitgehend

auf Ablehnung stößt. Objektive Tatsachen sind uns nämlich ebenso wenig direkt gegeben wie beschreibungsabhängige Tatsachen. Denn genau besehen sind objektive
Tatsachen das, was unsere besten akzeptablen *Theorien*
beschreiben, beispielsweise physikalische Theorien. Auch
objektive Tatsachen sind beschreibungsabhängig – sie sind
nämlich propositionale Gehalte wahrer Theoreme naturwissenschaftlicher oder im engeren Sinne physikalischer
Theorien.

Auf diese Weise wird dem Einwand seine Durch-
schlagskraft genommen. Der Naturalismus sollte sich
nicht dem naiven metaphysischen Realismus verpflichten
und daher auch nicht als These über objektive Tatsachen
auftreten. Die Varianten des Naturalismus, die oben in
Kapitel 4 unter 2.65–2.69 eingeführt wurden, enthalten
diese These nicht, denn sie sind sämtlich mit einem Bezug
auf Beschreibungen, Erklärungen und Postulate von
Theorien verbunden. Gerade angesichts dieser Varianten
ist aber auch klar, dass die Antwort auf die Frage nach der
Naturalisierung des phänomenalen Bewusstseins weitgehend davon abhängt, welche Version des Naturalismus
zugrunde gelegt wird. Im Wesentlichen stehen folgende
Optionen zur Verfügung: Die Beschreibungen phänome-
naler Erlebnisse sind zurückführbar auf, und erklärbar
durch (i) Beschreibungen der Physik (Physikalismus, 2.65
(2)), (ii) Beschreibungen der Physik, Chemie oder Biologie (allgemeiner Naturalismus, 2.65 (1)), (iii) Beschreibungen auch der kognitiven Psychologie (erweiterter allgemeiner Naturalismus), und (iv) Beschreibungen deskripti-
ver Theorien (gemäßigter Naturalismus, 2.66).

Vor diesem Hintergrund lassen sich das Nagel-Argument und das Jackson-Argument als die Behauptung auffassen, dass sich das phänomenale Bewusstsein nicht natu-
ralisieren lässt im Sinne von (i) und (ii). Und das ist in der
Tat schwer zu bestreiten. Versteht man Naturalisierung dagegen im Sinne von (iii) oder (iv), so ist die Situation weni-

ger eindeutig. Denn einerseits scheinen auch die kognitive Psychologie und andere deskriptive Theorien aus dem Blickwinkel der objektiven dritten Person auf Vorkommnisse von phänomenalem Bewusstsein zugreifen zu müssen; andererseits können Prozesse des Verstehens, die mit Mechanismen der mentalen Simulation und Empathie arbeiten, vielleicht doch Beschreibungen phänomenal-bewusster mentaler Zustände liefern, die die Bezeichnung »deskriptiv« verdienen und auch Bestandteil kognitiv-psychologischer Theorien sein könnten. Denn auch wenn phänomenal-bewusste Erlebnisse naturwissenschaftlich nicht beschreibbar oder erklärbar sein sollten, wäre es verfehlt, daraus den Schluss zu ziehen, dass Aussagen der Art »Wie schön ist das Blau dieses Enzians«, »Wagners Musik ist mir zu bombastisch« oder »Identitätstheorien in der Philosophie des Geistes sind langweilig« auf eine Weise perspektivisch und privat sind, dass sie Beobachtern und Hörern aus dem Blickwinkel der dritten Person völlig unzugänglich und unverständlich bleiben müssten. In diesem Fall wäre das phänomenale Bewusstsein naturalisierbar im Sinne von (iv). Diese These wäre dann aber alles andere als aufregend.

3.179 *Differenzierung des Nagel-Argumentes und des Jackson-Argumentes*

(1) Das Nagel-Argument und das Jackson-Agrument gegen die Naturalisierung des phänomenalen Bewusstseins (3.167 (1)(a), 3.168) lassen sich verstehen im Sinne
    (a) des Physikalismus (2.65 (2)),
    (b) des allgemeinen Naturalismus (2.65 (1)),
    (c) des gemäßigten Naturalismus (2.66).
(2) Die in (1) genannten Argumente
    (a) sind plausibel im Sinne des Physikalismus und des allgemeinen Naturalismus, und

> (b) sind verfehlt im Sinne des gemäßigten Natu-
>   ralismus.
> (3) Das phänomenale Bewusstsein könnte sich daher
>   als naturalisierbar im Sinne des gemäßigten Natu-
>   ralismus erweisen.

Eine analoge These ließe sich für den metaphysischen Naturalismus (2.67) aufstellen. Denn die Existenz des phänomenalen Bewusstseins wird zwar nicht von Physik, Chemie oder allgemeiner Biologie, wohl aber von der kognitiven Psychologie, der Alltagspsychologie und neuerdings
zum Teil von der Neurobiologie postuliert. Im Vokabular
der Physik, Chemie und allgemeinen Biologie kommt der
Begriff »phänomenales Bewusstsein« gar nicht vor und ist
damit kein Untersuchungsgegenstand.

Für diese Überlegungen zur Naturalisierbarkeit des
phänomenalen Bewusstseins wäre ein Token-Physikalismus (3.109 (2)) als Grundlage nicht geeignet. Denn der
Token-Physikalismus arbeitet mit der Unterscheidung
zwischen objektiven und beschreibungsabhängigen Tatsachen und lässt den Status beschreibungsabhängiger Tatsachen offen. Im Rahmen von 3.179 müssen wir hingegen
einräumen, dass wir uns mit wahren Beschreibungen phänomenal-bewusster Zustände auf *existierende* phänomenal-bewusste Zustände beziehen und dass daher die Formen des phänomenalen Bewusstseins reale Eigenschaften
von Gehirnzuständen sind. Eine metaphysische Position,
die zu dieser Auffassung passt, ist der strukturelle Physikalismus (3.120), der behauptet, dass mentale Eigenschaften stark (= in allen möglichen Welten) auf physikalischen
Eigenschaften supervenieren (3.115) und strukturell in
physikalischen Eigenschaften realisiert sind. Aus dieser
metaphysischen Position folgt unter anderem, dass das
phänomenale Bewusstsein gegenüber physikalischen und
biologischen Eigenschaften von Gehirnzuständen eine

vollkommen neuartige Eigenschaft ist, die daher *nicht* ty-
penidentisch ist mit einer physikalischen oder biologischen Eigenschaftsmenge.

Wir müssen die Eigenschaft einiger Gehirnzustände
hoch entwickelter Lebewesen, phänomenales Bewusstsein
zu haben, als einen entscheidenden Sprung auf eine neue
Ebene von Eigenschaften natürlicher Gegenstände ansehen, die weder ontologisch noch theoretisch als identisch
mit physikalischen Eigenschaften angesehen werden können, die in Physik, Chemie und Biologie analysiert werden. Dieser Sprung ist mit dem Auftreten genuiner Normativität (3.171) verknüpft – auch wenn phänomenal-bewusste Zustände von physikalischen Eigenschaften der
verschiedensten Art ontologisch abhängig bleiben.

Übungen

Vorbemerkung: Die Lösungen der Übungsaufgaben sollten möglichst prägnant formuliert werden. Reine Ja-Nein-Antworten reichen allerdings nicht aus. Die Antworten sollten stets unter Bezugnahme auf die entsprechenden Explikationen im Haupttext begründet werden.

Am Ende der Kapitel werden jeweils drei der einflussreichsten Artikel oder Buchkapitel zum Thema des Kapitels angegeben. Diese Originalarbeiten können bei der Durcharbeit des Grundkurses zusätzlich mit Gewinn gelesen werden. Sie können aber auch als Grundlage von jeweils drei weiteren Übungsaufgaben betrachtet werden, die sämtlich eine Analyse der Texte im Umfang von 3 bis 6 Seiten zum Inhalt haben. Die Texte werden daher mit einer AN-Nummerierung (AN für Analyse) den übrigen Übungsaufgaben hinzugefügt.

Übungen zu Kapitel 7:
Allgemeine Philosophie des Geistes

69. (a) Geben Sie zwei einzelne mentale Zustände an, die repräsentational sind, sowie zwei mentale Zustände, die nicht repräsentational sind (3.104).

(b) Geben Sie einen mentalen Zustand an, der bewusst, aber nicht repräsentational ist.

70. Was könnte es beispielsweise heißen, dass die bei Vögeln auftretende natürliche Funktion, das Fliegen zu erleichtern, durch verschiedene physikalisch-biologische Zustände oder Eigenschaften von Teilen von Vögeln realisiert werden kann (3.103)?

71. Begründen Sie: Die Thesen (b) und (c) des ontologischen Dualismus in 3.105 enthalten, als Prämissen genommen, eine Konklusion, die der These (a) in 3.105 widerspricht.

72. Begründen Sie: Die Thesen (a)* und (c)* des anti-ontologischen Dualismus in 3.106 enthalten, als Prämissen genommen, eine Konklusion, die der These (b)* in 3.106 widerspricht.

73. Ist eine der Varianten der Identitätstheorie (3.109) mit dem Prinzip der vielfachen Realisierbarkeit (3.103) vereinbar bzw. unvereinbar?

74. Welches sind die entscheidenden Unterschiede zwischen der behavioristischen Theorie des Geistes (3.106), der Identitätstheorie (3.107) und der Computertheorie des Geistes (3.110)?

75. Geben Sie ein konkretes Beispiel für Supervenienz im Sinne von 3.115 an (also Gegenstände mit Eigenschaften S und B, so dass das S auf der Basis B superveniert).

76. Seien B und S Arten von Eigenschaften irgendwelcher Gegenstände G; betrachten Sie nun zwei Fälle:
(a) Wenn beide Gegenstände hinsichtlich der Basis-Eigenschaft B unterschiedlich sind, so auch hinsichtlich der supervenierenden Eigenschaft S.
(b) Wenn beide Gegenstände hinsichtlich der S-Eigenschaft unterscheidbar sind, so auch hinsichtlich der Basis-Eigenschaft B.
Frage: In welchem der beiden Fälle (a) und (b) superveniert Eigenschaft S auf der Basis B? (Begründen Sie die Antwort mit Hilfe von 3.115!).

77. Konstruieren Sie jeweils ein Beispiel für schwache und starke Supervenienz (3.116).

78. Beschreiben Sie kurz, wie die These des Epiphänomenalismus der mentalen Eigenschaften (3.122) mit dem Problem der mentalen Verursachung (3.123) zusammenhängt.

AN 7.1. Putnam, H.: Die Natur mentaler Zustände. In: Bieri, P.: Analytische Philosophie des Geistes. Bodenheim 1993. S. 123–135.

AN 7.2. Kim, J.: Einleitung in die Philosophie des Geistes. In: J. K.: Philosophie des Geistes. Wien / New York 1998. S. 1–26.

AN 7.3. Dennett, D.: Intentionale Systeme. In: Bieri, P.: Analytische Philosophie des Geistes. Bodenheim 1993. S. 162–184.

Übungen zu Kapitel 8:
Repräsentationstheorie

79. (a) Geben Sie einen Wunsch, eine Überzeugung und eine Hoffnung an, die denselben propositionalen Gehalt haben (vgl. 3.133).

(b) Geben Sie zwei Überzeugungen an, die propositionale Gehalte haben, die einander logisch widersprechen.

Bei der Lösung dieser Aufgaben müssen die propositionalen Gehalte der angebotenen Beispiele ausdrücklich angegeben werden.

80. (a) Lässt sich Rauch als natürliches Zeichen von Feuer im Sinne von 3.127 auffassen?

(b) Wenn X ein natürliches Zeichen für Y ist, setzt dann diese Zeichenrelation zwischen X und Y voraus, dass es Interpreten gibt, die X als Zeichen von Y auffassen?

81. Erläutern Sie kurz die theoretischen Beziehungen zwischen Repräsentationen, Gehalten, repräsentationalen Zeichen und Bedeutungen gemäß 3.128 und 3.129.

82. Was heißt es nach 3.130, dass auch die Eigenschaften von Augen blinder Menschen die echte Funktion haben, durch Verarbeitung von Licht-Reizen ein visuelles Bild der externen Welt zu erzeugen?

83. Was heißt es nach 3.130, dass gewisse muskuläre Muster im Gesicht von Schimpansen repräsentationale Zeichen von Emotionen sind? Für die Lösung soll angenommen werden, dass es sich um drei verschiedene Gesichtsmuster N, W und F sowie um die drei Basis-Emotionen Neugierde, Wut und Furcht handelt.

84. Angenommen, Christine sagt zu Axel:
»Christian hat zu Barbara gesagt ›Wenn Du Deinen Mann verlässt, ziehe ich mit Dir zusammen‹.«
Was ist gemäß 3.133 der propositionale Gehalt, und was ist der psychische Modus
    (a) der Äußerung, die Christian gegenüber Barbara gemacht hat,
    (b) der Äußerung, die Christine gegenüber Axel gemacht hat?

85. Zeigen Sie unter Verwendung von 3.135, wie die Sätze
    (a) »Christine ist der Auffassung, dass Aristoteles ein großer Philosoph war«,
    (b) »Sylvia hofft, dass ihr Lieblingskandidat gewinnt«,
intensionale Kontexte erzeugen.

86. Angenommen, Maria ist davon überzeugt, dass Indien und Pakistan einen weiteren Krieg im Kashmir führen, aber sie wünscht zugleich, dass dies nicht geschehen möge; in welchem doppelten Sinne von 3.136 sind Marias Überzeugung und Wunsch normativ?

87. Betrachten Sie folgenden Sachverhalt:
Marion beabsichtigt, im Sommer nach Griechenland zu fahren.

Kennzeichnen Sie unter Voraussetzung von 3.138 die Intention, die Intentionalität und die Intensionalität in Hinsicht auf diesen Sachverhalt und seine Beschreibung.

88. Erläutern Sie mit Bezug auf 3.139, inwiefern das Verstehen (das heißt hier: Interpretieren) eine grundsätzlich andere Methode ist als das naturwissenschaftliche Erklären.

AN 8.1. Millikan, R.: Biosemantics. In: Journal of Philosophy 86 (1989) S. 281–297.
AN 8.2. Searle, J.: Die Natur intentionaler Zustände. In: J. S.: Intentionalität. Frankfurt a. M. 1991. Kap. 1. S. 15–58.
AN 8.3. Fodor, J.: A Theory of Content I. Cambridge 1990. Kap. 3. S. 51–87.

Übungen zu Kapitel 9:
Semantik natürlicher Sprachen

89. 3.140 nennt zwei Kriterien zur Klassifikation von Aussagen. Diese beide Kriterien können aufeinander bezogen werden. Welchen systematischen Zusammenhang zwischen den Thesen (1) und (2) behauptet der Logische Empirismus?

90. Geben Sie zwei Sätze an, die gemäß der Carnap-Semantik (3.142) dieselbe Intension haben.

91. Welche Diagnose und Lösung der Lügner-Antinomie schlägt die Tarski-Theorie der Wahrheit vor (3.145 und 3.146)?

92. Ist die Theorie der kausalen Referenz (3.157) eine internalistische Theorie sprachlicher Repräsentation? Begründen Sie Ihre Antwort mit Blick auf 3.150.

93. Konstruieren Sie im Anschluss an 3.153 ein Sprachspiel für einen Terminus oder einen Aussagesatz im Sinne Wittgensteins.

94. Welche Probleme der Wittgensteintheorie (3.152–3.156) versuchen externalistische Semantiken natürlicher Sprachen zu lösen?

95. Geben Sie drei Beispiele (a), (b) und (c) für T-Theoreme an (3.159). Dabei soll in (a) die Objektsprache und die Metasprache das Deutsche, in (b) die Objektsprache Englisch und die Metasprache Deutsch und in (c) die Objektsprache Deutsch und die Metasprache Französisch sein.

96. (a) Was heißt es der Theorie der kausalen Referenz (3.157) zufolge, dass der Satz »Dort ist ein Tisch« einen Gehalt hat?
(b) Wie versucht diese Theorie insbesondere zu erklären, dass dieser Satz auch dann einen Gehalt hat und diesen Gehalt behält, wenn der Satz falsch ist?

97. Welche theoretische Funktion hat das Prinzip der Nachsichtigkeit in der interpretationistischen Semantik (3.158–3.160 und (2) auf S. 111)?

98. Erläutern Sie die Gründe, die sich der interpretationistischen Semantik zufolge für die These angeben lassen, dass radikaler Skeptizismus und Relativismus unhaltbar sind (3.160 (3)).

AN 9.1. Carnap, R.: Bedeutung und Notwendigkeit. Wien / New York 1972. Kap. I. Abschnitte 1–6. S. 2–40.

AN 9.2. Wittgenstein, L.: Philosophische Untersuchungen §§ 1–19, 23 (Über ein altes und neues Bild von Sprache.), §§ 244–272 (Über Privatsprachen.). In: L. W.: Schriften. Bd. 1. Frankfurt a. M. 1984. S. 289–301, 390–398.

AN 9.3. Davidson, D.: Radikale Interpretation. In: D. D.: Wahrheit und Interpretation. Frankfurt a. M. 1990. S. 183–203.

Übungen zu Kapitel 10:
Theorie des Bewusstseins

99. Hier ist eine kleine Erzählung:

(a) Gestern bin ich an der Lahn auf einem sehr schönen Weg mit Bernd Fahrrad gefahren. (b) Vor allem im ersten Teil der Fahrt haben wir die Flusslandschaft und die Auen genauer betrachtet und ihre Natürlichkeit genossen. (c) Dabei fiel mir auf, dass sich meine Wahrnehmung dieser Naturlandschaft verändert hat: Mir fallen mehr ökologisch relevante Details auf. (d) Später haben wir uns dann während der Fahrt unterhalten und nicht mehr auf den Weg und die Landschaft geachtet, aber glücklicherweise ist dabei kein Unfall passiert. (e) Am Ende wurde Bernd allerdings schlecht und schwarz vor Augen, so dass er eine Zeitlang nicht weiterfahren konnte.

Versuchen Sie, den in den Sätzen (a)–(e) skizzierten Situationen bestimmte Formen des Bewusstseins nach 3.166 und 3.167 zuzuordnen, in denen die Erzähler und Bernd sich befanden. (Dabei können auch mehrere Bewusstseinsformen zugleich realisiert sein.)

100. Was sind Durst, Ekel, Kitzel, Liebe, Mitgefühl, Gliederreißen, Lust auf Schokolade, Juckreiz, Panik: (a)

Emotionen, (b) Triebzustände oder (c) Körpergefühle, die
weder Emotionen noch Triebzustände sind (3.169–3.170)?

101. Jemand sagt:
»Wenn ich mich darauf besinne, wie ich die Welt wahr-
nehme, dann (a) betrachte ich zwar meine Umgebung
immer von einer bestimmten Position aus, aber (b) ich
nehme nicht an, dass Personen in meiner näheren Umgebung die Dinge wesentlich anders wahrnehmen, und
(c) wenn mein Geist meine Wahrnehmungen aus einlaufenden Stimuli konstruieren sollte, dann bleibt mir dieser Mechanismus jedenfalls verborgen.«
Welche der in 3.168 angesprochenen phänomenalen
Merkmale des bewussten Erlebens werden in den Sätzen
(a) bis (c) erwähnt?

102. (a) Angenommen, das phänomenale Bewusstsein
als ein Aspekt des Zustandsbewusstseins hat für
sich allein keine kausale Kraft, mit der es auf die
physische Welt wirken könnte (so lautet die Position des *Epiphänomenalismus*, 3.122); könnte
das phänomenale Bewusstsein dann zugleich
auf Gehirnzuständen physisch (also aufgrund
von Naturgesetzen) supervenieren?

(b) Sind das Nagel-Argument, das Jackson-Argument und das Levine-Argument damit vereinbar, dass das Mentale auf dem Physischen im
weiten Sinne superveniert (dazu 3.178 (1)–(3))?

103. Wenn das *Ich-Bewusstsein* bestimmt wird als Gedanken einer Person P der Form, dass es P (»ich«) ist, die
bestimmte Gedanken hat – erfordern dann

(a) Subjekt-Bewusstsein,

(b) Zustandsbewusstsein,

(c) das Haben von Gedanken zweiter Ordnung

als Basis ein Ich-Bewusstsein (dazu 3.166)?

104. (a) Wie lassen sich Triebzustände im psychoanaly-
tischen Sinne (z. B. Hunger, Durst, sexuelles
Bedürfnis) in der philosophischen Theorie der
Gefühle (3.169–3.174) verorten?

(b) Sind Triebzustände expressiv (3.173)?

AN 10.1. Nagel, Th.: Wie ist es, eine Fledermaus zu sein? In: Bieri,
P.: Analytische Philosophie des Geistes. Bodenheim 1993.
S. 261–275.

AN 10.2. Jackson, F.: What Mary didn´t know. In: Journal of Philosophy 83 (1982) S. 291–295.

AN 10.3. Block, N.: Eine Verwirrung über eine Funktion des Bewusstseins. In: Metzinger, Th. (Hrsg.): Bewusstsein. Beiträge
aus der Gegenwartsphilosophie. Paderborn 2001. S. 523–582.

Literaturhinweise

Grundlegende Literatur

Brandom, R.: Making it Explicit. Cambridge (Mass.) 1994. – Dt.: Expressive Vernunft. Frankfurt a. M. 2000.

Churchland, P. M.: The engine of reason, the seat of the soul: a philosophical journey into the brain. Cambridge (Mass.) 1995. – Dt.: Die Seelenmaschine – Eine philosophische Reise ins Gehirn. Heidelberg 1997.

Davidson, D.: Inquiries into Truth and Interpretation. Oxford 1984. – Dt.: Wahrheit und Interpretation. Frankfurt a. M. 1990.

Dennett, D. C.: Kinds of Minds. Cambridge (Mass.) 1996. – Dt.: Spielarten des Geistes. München 1999.

Dretske, F. I.: Naturalizing the Mind. Cambridge (Mass.) 1995. – Dt.: Naturalisierung des Geistes. Paderborn 1998.

Dummett, M.: Truth and Other Enigmas. London 1978. – Dt.: Wahrheit. Stuttgart 1982.

Fodor, J.: Psychosemantics. Cambridge (Mass.) 1993.

Kripke, S. A.: Naming and Necessity. In: Davidson, D. / Harman, G. (Hrsg.): Semantics of Natural Language. Dordrecht 1972. S. 253–355, 763–769. – Dt.: Name und Notwendigkeit. Frankfurt a. M. 1981.

McDowell, J.: Mind and World. Harvard 1996. – Dt.: Geist und Welt. Frankfurt a. M. 2000.

Millikan, R. G.: Language, Thought, and Other Biological Categories. Cambridge (Mass.) 1984.

Putnam, H.: The Meaning of »Meaning«. In: Gunderson, K. (Hrsg.): Language, Mind, and Knowledge. Minneapolis 1975. – Dt.: Die Bedeutung von »Bedeutung«. Frankfurt a. M. 1990.

– Reason, Truth and History. Cambridge (Mass.) 1981. – Dt.: Vernunft, Wahrheit und Geschichte. Frankfurt a. M. 1990.

Quine, W. v.: Word and Object. Cambridge (Mass.) 1960. – Dt.: Wort und Gegenstand. Stuttgart 1980.

Ryle, G.: The Concept of Mind. London 1949. – Dt.: Der Begriff des Geistes. Reinbek 1969.

Searle, J. R.: Minds, Brains and Science. BBC 1984. – Dt.: Geist, Hirn und Wissenschaft. Frankfurt a. M. 1989.

Searle, J. R.: The Rediscovery of the Mind. Cambridge (Mass.) 1992. – Dt.: Die Wiederentdeckung des Geistes. Frankfurt a. M. 1996.

Wittgenstein, L.: Philosophische Untersuchungen. Werke Bd. 1. Frankfurt a. M. 1984.

Einführungen zu Kapitel 7

Beckermann, A.: Analytische Einführung in die Philosophie des Geistes. Berlin 2001.

Guttenplan, S. (Hrsg.): A Companion to the Philosophy of Mind. Malden (Mass.) 1994.

Heil, J.: Philosophy of Mind – A Contemporary Introduction. London 1998.

– Philosophy of Mind: A Guide and Anthology. Oxford 2004.

Kim, J.: Philosophy of Mind. Oxford 1996. – Dt.: Philosophie des Geistes. Berlin 1998.

– Mind in a Physical World: An Essay on the Mind-Body-Problem and Mental Causation. Cambridge (Mass.) 1998.

Rey, C.: Contemporary Philosophy of Mind. Oxford 1997.

Tetens, H.: Geist, Gehirn, Maschine. Stuttgart 1994.

Weiterführende Literatur zu Kapitel 7

Bechtel, W. / Graham, G. (Hrsg.): A Companion to Cognitive Science. Blackwell 1999.

Beckermann, A. / Kim, J. / Flohr, H. (Hrsg.): Emergence or Reduction? Essays on the Perspective of Non-Reductive Physicalism. Berlin / New York 1992

Bieri, P. (Hrsg.): Analytische Philosophie des Geistes. Frankfurt a. M. 1993.

Churchland, P. S.: Brain-Wise Studies in Neurophilosophy. Cambridge 2002.

Dennett, D.: Brainchildren. Boston 1998.

Metzinger, Th. (Hrsg.): Grundkurs Philosophie des Geistes. 3 Bde. Paderborn 2006.

Parfit, D.: Reasons and Persons. Oxford 1986.

Rosch, E. / Lloyd. B. L. (Hrsg.): Cognition and Categorization. Hillsdale 1978.

Turing, A.: Computing machinery and intelligence. In: Mind 49 (1950) S. 433–460.

Vogel, M.: Medien der Vernunft. Frankfurt a. M. 2001.

Einführungen zu Kapitel 8

Detel, W.: Teleosemantik. Ein neuer Blick auf den Geist? In: Deutsche Zeitschrift für Philosophie 49 (2001) S. 449–465.

Rey, G.: Representation. In: G. R.: Contemporary Philosophy of Mind. Oxford 1997. Kap. 9.

Sterelny, K.: The Representational Theory of Mind. An Introduction. Oxford 1990.

Stich, St. / Warfield, T. (Hrsg.): Mental Representation: A Reader. Oxford 1994.

Weiterführende Literatur zu Kapitel 8

Dennett, D.: The Intentional Stance. Cambridge 1987.

Fodor, J. A.: Psychosemantics, or, Where do truth conditions come from? In: Lycan, W. (Hrsg.): Mind and Cognition. Blackwell 1987.

Godfrey-Smith, P.: Complexity and the Function of Mind in Nature. Cambridge 1996.

McGinn, C.: Mental Content. Oxford / New York 1989.

Millikan, R. G.: Language, Thought and Other Biological Categories. MIT Press. 1988.

Papineau, D.: Reality and Representation. Oxford 1987.

Searle, J. R.: Intentionality: An Essay in the Philosophy of Mind. Cambridge (Mass.) 1983. – Dt.: Intentionalität. Frankfurt a. M. 1991.

Walsh, D. M.: Wide Content Individualism. In: Mind 107 (1998) S. 625–651.

Einführungen zu Kapitel 9

Cummins, R.: Meaning and Representation. Cambridge (Mass.) 1989.

Devitt, M. / Hauley, R. (Hrsg.): The Blackwell Guide to the Philosophy of Language. London 2006.

Hale, B. / Wright, C. (Hrsg.): A Companion to the Philosophy of Language. Malden (Mass.) 1999.

Lycan, W. G.: Philosophy of Language: A Contemporary Introduction. London 2001.

Miller, A.: Introduction to the Philosophy of Language. London 1998.

Runggaldier, E.: Analytische Sprachphilosophie. Stuttgart 1990.

Taylor, K.: Truth and Meaning. Oxford 1998.

Weiterführende Literatur zu Kapitel 9

Austin, J. L.: How to do things with Words. Oxford 1962. – Dt.: Zur Theorie der Sprechakte. Stuttgart 1972.

Blackburn, S.: Spreading The Word. Oxford 1984.

Carnap, R.: Meaning and Necessity. Chicago 1947. – Dt.: Bedeutung und Notwendigkeit. Wien / New York 1972.

Devitt, M. / Sterelny, K.: Language and Reality. Oxford 1987.

Dummett, M.: The Seas of Language. Oxford 1993.

Evans, G.: The Variety of Reference. Oxford 1982.

Fodor, J. A.: A Theory of Content. Cambridge (Mass.) 1990.

Frege, G.: Funktion, Begriff, Bedeutung. Göttingen 1994.

Grice, H. P.: Meaning. In: The Philosophical Review 64 (1957) S. 377–388.

Kripke, S. A.: Wittgenstein on Rules and Private Language. Oxford 1982. – Dt.: Wittgenstein über Regeln und Privatsprachen. Frankfurt a. M. 1987.

Larson, R. / Segal, G.: Knowledge of Meaning. Cambridge 1995.

LePore, E. (Hrsg.): Truth and Interpretation. Oxford 1986.

Lewis, D.: Philosophical Papers. Bd. 1. Oxford 1983.

Platts, M.: Ways of Meaning. London 1979.

Richard, M. (Hrsg.): Meaning. Oxford 2003.

Russell, B.: On Denoting. Mind 14 (1956) S. 479–493. – Dt.: Über das Kennzeichnen. In: B. R.: Philosophische und politische Aufsätze. Stuttgart 1971.

Searle, J. R.: Speech Acts. Cambridge (Mass.) 1969. – Dt.: Sprechakte. Frankfurt a. M. 1971.

Stainton, R. J. (Hrsg.): Perspectives in the Philosophy of Language: A Concise Anthology. Peterborough 2000.

Tarski, A.: Die semantische Konzeption der Wahrheit und die Grundlagen der Semantik. In: Skirrbeck, G. (Hrsg.): Wahrheitstheorien. Frankfurt a. M. 1996.

Wright, C.: Realism, Meaning, and Truth. Oxford 1987.

Einführungen zu Kapitel 10

Blackmore, S.: Consciousness. An Introduction. Oxford 2003.

Kim, J.: Bewusstsein. In: J. K.: Philosophie des Geistes. Wien / New York 1998. Kap. 7.

Papineau, D. / Selina, H.: Introduction: Consciousness. Cambridge 2000.

Weiterführende Literatur zu Kapitel 10

Becker, A.: Verstehen und Bewusstsein. Paderborn 2000.

Block, N. / Flanagan, O. / Güzeldere, G. (Hrsg.): The Nature of Consciousness. Philosophical Debates. Cambridge (Mass.) 1997.

Carruthers, P.: Consciousness Essays from a Higher-Order Perspective. Oxford 2005.

Chalmers, D.: The Conscious Mind. Oxford 1995.

Damasio, A.: The Feeling of What Happens. New York 1999. – Dt.: Ich fühle, also bin ich. München 2000.

Davies, M. / Humphreys, G. W. (Hrsg.): Consciousness: Psychological and Philosophical Essays. Oxford 1993.

Dennett, D. C.: Consciousness Explained. London 1991. – Dt.: Die Philosophie des menschlichen Bewusstseins. Hamburg 1994.

Dennett, D.: Kinds of Minds. New York 1996. – Dt.: Spielarten des Geistes. München 1999.

Dretske, F.: Naturalizing the Mind. Cambridge (Mass.) 1995.

Griffith, P.: What Emotions Really Are. The Problem of Psychological Categories. Chicago/London 1997.

Jackson, F.: What Mary Didn't Know. In: The Journal of Philosophy 83 (1986) S. 291–295.

– (Hrsg.): Consciousness. Brookfield 1998.

Levine, J.: Recent Work on Consciousness. In: American Philosophical Quarterly 43 (1997) S. 397–404.

McGinn, C.: The Problem of Consciousness. London 1991.

Metzinger, T. (Hrsg.): Bewusstsein. Beiträge aus der Gegenwartsphilosophie. Paderborn 1995.

Nagel, Th.: The View from Nowhere. Oxford 1986.

Sousa, R. de: The Rationality of Emotions. Cambridge (Mass.) 1987. – Dt.: Die Rationalität des Gefühls. Frankfurt a. M. 1997.

Sterelny, K.: Representational Theory of Mind. Oxford 1990.

Strawson, G.: Mental Reality. Cambridge 1994.

Tye, M.: Ten Problems of Consciousness: A Representational Theory of the Phenomenal Mind. Cambridge 1997.

Register

Das Register listet die Begriffe und Positionen auf, die in den grauen Kästen erläutert werden. Die Haupteinträge sind fast immer Substantive. In den Untereinträgen wird zum Teil auch nach Adjektiven gelistet. Die Zahlen in Klammern geben die Nummer der Erläuterung (oder Definition) an, in der die gelisteten Begriffe vorkommen. Die Zahlen ohne Klammern geben die Seite an, auf der die zuvor genannte Erläuterung vorkommt.

Geschichte der Philosophie in Text und Darstellung

»*Diese Unternehmung besticht durch einen gescheiten Ausweg aus dem Dilemma, in das uns die Einsicht führt, daß es einen unparteiischen Standpunkt vielleicht nur für den lieben Gott gibt. Sie verfügt über eine Konzeption, die die je verschiedene Eigenart der geistigen Standpunkte und Perspektiven schon durch die Kombination der literarischen Gattungen herausstellt. Die Brauchbarkeit für das philosophische Bildungswesen wird dadurch sehr gefördert. Besonders für die neu gestaltete Oberstufe des Gymnasiums, in der dem Fach Philosophie eine besondere Bedeutung zukommt, scheint die Mischung von Text und Darstellung geeignet.*«

Eckhard Nordhofen, F. A. Z.

Philipp Reclam jun. Stuttgart

Philosophische Einführungen

IN RECLAMS UNIVERSAL-BIBLIOTHEK

Philipp Reclam jun. Stuttgart